KB272325

뇌과학자의 의지 사용 설명서

뇌과학자의 의지 사용 설명서

A Neuroscientist's Guide to Shaping Your Mind

모기 겐이치로 지음 | 한주희 옮김

어썸그레이
AWESOMEGREY

"자연에는 중간 생략 기능이 없다. 나무가 한 살 한 살 나이를
먹으며 나이테를 늘려 가는 것처럼 인간의 뇌도
중간 과정을 생략하는 기능이 없으며 연속적으로 변화한다.
그러면서 의사결정의 기준도 조금씩 단련된다."

내 인생의 '모트'는 무엇인가?

인생이란 생각처럼 되지 않는 법이다.

"아무리 열심히 노력해도 회사나 학교에서 동기들과 격차가 벌어지기만 해요."

나는 유튜브에서 상담 전문 채널을 운영하고 있는데 종종 이런 고민 사연을 받는다.

동기 중에 누구는 명문대 졸업 후 대기업에 들어가서 인생이 탄탄대로인데 자신은 왜 이런지 한심하다거나 같이 공부하던 친구가 아무런 부침 없이 시험에 합격하는 모습을 보면 힘이 빠진다는 이야기이다.

그러면 나는 이렇게 조언을 하곤 한다. 비록 지금은 그 사람들이 효율적이고 노력 대비 성과가 좋아 손쉽게 일과 학업 두 마리 토끼를 잡는 것처럼 보여도, 그게 회사 안에서만 통용되는 기술인 경우도 있다. 당장은 조직 안에서 잘 적응하는 듯 보이지만 앞으로도 이 상태가 지속되리란 보장은 없다. 세상은 그리 만만치 않다. 일이 잘 풀리지 않아 고민인 사람은 스스로 정체되어 있다고 느낄 수 있지만, 이런 느낌이나 현재의 상황에 너무 얽매이지 말고 본인이 잘할 수 있는 일을 찾아 이를 끝까지 밀어붙이겠다는 결심을 해야 한다. 결심이 섰다면 다음은 목표를 향해 전력으로 달려야 한다. 다른 건 버려도 되니까 말이다.

물론 의지를 갖고 목표를 향해 가는 길이 쉽지는 않다. 이 책을 쓰며 담당 편집자인 무라시마와도 비슷한 이야기를 나눈 적이 있다. 대학을 재수한 그는 1지망으로 와세다대학교에 지원했는데 입학에 실패했다. 당시에는 꽤 괴로웠던 모양이다. 결국 쥬오대학교에 들어가 철학을 전공했는데, 학교에 다니는 동안에도 이런저런 고민만 하느라 졸업하는 데 5년이 걸렸다고 한다. 졸업 후 우여곡절 끝에 지금의 출판사에 입사해 편집자로 일하게 되었다.

입사 후 처음으로 만든 책『무법지대의 스파이들』이 꽤 흥행한 모양인지 표지를 나에게 보여주며 기쁘게 웃던 모습이 생각난다. 살짝 길을 돌아왔지만, 지금은 만족스러운 것 같아 다행이다.

꿈과 목표를 향해 나아가는 과정에서 중요한 건 방황과 실패를 포함한 경험이며, 그 안에서 자신의 의사결정을 더 세밀하게 정제하는 일이다. 결론에 이르는 파라미터(의사결정에 관여하는 외부 조건 등)가 다양하면 다양할수록 정확한 판단을 내릴 수 있기 때문이다. 실패한 경험이라고 해서 다 쓸데없는 게 아니다.

앞으로는 이런 인간의 판단을 인공지능(AI)이 도와주는 시대가 온다. 챗지피티(ChatGPT)가 급속하게 우리 삶에 들어오기 시작했고, AI를 활용하지 못하는 사람은 살아남지 못하는 시대가 올 것이다. 다양한 과제에 대해 생성형 AI가 무수한 선택지를 제안하고, 그중 가장 적절한 것을 선택할 수 있어야 업무를 효율적으로 할 수 있고 업무의 질도 향상되기 때문이다.

이러한 환경에선 인간의 "의사결정 능력"이 그 어느 때보다 중요해진다.

훌륭한 의사결정 능력을 갖춘 경영자를 꼽자면 일론 머스크를 배놓을 수 없다. 만약 인공지능이 딥러닝을 많이 한다면 일론 머스크와 같은 의사결정을 할 수 있을까?

그가 내린 결정의 프로세스를 AI에 입력해 분석할 수 있을지는 모르나 AI로 일론 머스크와 동일한 의사결정을 내리는 소프트웨어를 만들기란 불가능에 가깝다.

마찬가지로 소프트뱅크(SoftBank) 손정의나 DeNA의 창립자 남바 도미코(南場智子)처럼 걸출한 사람의 의사결정을 배울 순 있어도 이를 그대로 재현하긴 어렵다. 의사결정에 관여하는 뇌 신경세포 네트워크는 매우 복잡하기 때문이다.

장르는 다르지만, 나의 지인인 킹콩(KING KONG, 일본의 개그 콤비로 방송인에서 크리에이터·사업가로 진화한 대표 사례-옮긴이)의 니시노 아키히로(西野亮廣), 니시무라 히로유키(西村博之, 2채널 창립자-옮긴이), 호리에 다카후미(堀江貴文, 라이브도어 창업자-옮긴이)의 의사결정 방식을 공부할 순 있어도 이들이 각각의 상황에서 어떤 의사결정을 내리는지를 자세히 살펴보면 뇌의 신경세포 간 네트워크 파라미터가 굉장히 복잡해서 똑같이 따라 할 수 없다.

이처럼 누구도 흉내 낼 수 없는 '절대 우위성'을 가진 능력을 영어로 '모트(moat)'라고 한다.

모트의 사전적 의미는 '호, 해자'이며, AI업계 관계자 사이에 최근 자주 사용되는 용어로 주목받는 개념이다. 이미지로 빗대자면 성 주변을 둘러싼 물도랑, 중심부인 본관을 지키는 방어 시설쯤이 될 것이다. 예를 들면 이런 상황에서 사용된다.

"차세대 AI 제미나이(Gemini)를 발표한 구글(Google), 오픈에이아이(OpenAI)의 챗지피티와 비교해 제미나이가 지닌 '모트'는 무엇인가."

모트가 있다고 착각하는 경우가 있다.

〈동대왕〉(東大王, 도쿄대학 학생들이 연예인과 퀴즈 대결을 하는 프로그램-옮긴이)에 출연한 도쿄대 졸업생이라면 '모트' 즉 절대 우위성이 있다고 말할 수 있을까?

도쿄대 졸업이나 퀴즈왕에 올랐다는 사실 자체가 모트는 아니다. 퀴즈에 답변을 하는 행위는 AI와 비교해 절대 우위성을 갖지 못하기 때문이다. 장기나 바둑조차 AI와의 대결에서 번번이 패하는 시대이다. 다만, 도쿄대 졸업이나 퀴즈왕이 모트로 작용할 때가 있다. AI를 트레이닝할 때 일반상식 퀴즈를 사용하는 경우가 있는데, 이때 퀴즈 문제를 출제하는 행위이다. 이 방법이 누군가에게 모방되기 전까지는 모트가 될 수 있다.

국가자격증의 경우도 모트가 될 수 없다. 의사나 변호사 등과 같은 전문자격증조차도 이제는 완전히 '상품화(commodity)'되어 자격증을 땄다는 사실 자체만 가지고는 더 이상 차별성을 찾아볼 수 없게 되었기 때문이다.

그러면 도대체 어떤 것이 우리 인생의 모트가 될 수 있을까? 한마디로 말하면, 인생에서의 "의사결정 패턴"이 모트가 될 수 있다.

우리는 살아가며 크고 작은 선택의 순간들을 맞이하게 된다. 그때 어떤 의사결정을 내리느냐에 따라 각자의 인생은 조금씩 달라지고, 그것이 축적되어 자신의 미래를 만든다. 즉 각자의 앞에 펼쳐질 미래는 자신이 그동안 해왔던 의사결정들의 성적표를 받는 것과 같다고 할 수 있다.

이렇게 만들어진 인생은 누가 원한다고 해서 금세 따

라 할 수 있는 게 아니다. 유명인 누군가의 삶이 멋있어 보여서 그 사람처럼 되기 위해 노력을 한다 해도, 겉으로 보이는 스타일은 금세 따라 할 수 있을지 모르나 그의 경험과 생각과 능력까지 따라 할 순 없듯이 말이다. 이 책에서는 의사결정을 잘하기 위해 무엇을 살펴야 하는지, 인간은 왜 종종 잘못된 결정을 내리는지, 어떻게 하면 자신의 의지를 담은 의사결정을 잘할 수 있는지 '의사결정의 과학'을 뇌과학 관점에서 살펴보았다.

머리말 끝에 한 가지 중요한 말을 덧붙이자면 '뇌'는 '자연'과 닮아서 마음대로 속도를 조절할 수 없다. 풀이나 나무가 자라고, 나비가 알에서 애벌레를 거쳐 번데기 성충으로 자라는 속도를 급하다고 재촉할 수 없는 것처럼 뇌도 마찬가지다. 초목의 경우 성장촉진제를 사용하면 약간은 속도를 빠르게 할 수 있겠지만, 성장단계를 생략하고 성장할 순 없다.

뇌는 꾸준히 때로는 고통스러운 과정을 거치며 성장한다. 시간이 필요한 법이다. 바꿔 말하면 깨달았을 때 바로 시작하는 것이 가장 빠른 길이다.

이렇게 말하면 중장년은 읽어 봤자 배우기에 늦었다고

오해할 수 있는데 그렇지 않다. 나도 이제 환갑을 막 지났는데 의사결정의 정확도를 높이기 위해 항상 노력하고 실천하고 있으며 그 성과를 몸소 느끼고 있다. 배움에 늦은 때란 없다.

어떤 의사결정을 하느냐에 따라 여러분은 하루아침에 '다른 사람'이 될 수도 있을 것이다. 나아가 이 능력은 여러분에게 자유를 가져다줄 것이다.

모기 겐이치로로부터

|||||||||||||||||||||| **차 례** ||||||||||||||||||||||||

제4장 의사결정의 방해꾼들

제1장
목표에 대하여

어떤 선택 앞에서 결정을 내려야 할 때

가장 우선해야 할 질문은 '목표'이다.

어떤 목표를 위해 이 의사결정을 해야 하는가.

그런데 여기서부터 많은 사람들이 오류에 빠진다.

자신의 운명을 스스로 결정하지 못하는 사람들

교육 문제를 주제로 강연을 한 적이 있는데, 지금도 잊지 못할 한 장면이 있다.

나는 그 자리에서 오늘날의 교육은 지필고사만으로는 한계가 있으며, 석차 역시 점점 의미를 잃어가고 있다고 말했다. 석차란 결국 입시학원에서 영업을 편하게 하려고 만들어낸 편의적 기준일 뿐이며, 이제는 학생 개개인의 개성에 주목하는 교육이 필요하다는 취지였다. 예를 들어, 학생의 관심 분야에 맞춘 프로젝트형 학습이나 탐구형 학습이 앞으로 더 중요해질 것이라고 설명했다.

청중들이 고개를 끄덕이며 듣고 있었기에 내 말의 의도가 잘 전달되었다고 생각했다. 그런데 강연이 끝난 뒤 한 여성이 다가와 이렇게 물었다.

"대학 잘 보내는 중학교에 보내려면 어떻게 해야 할까요?"(일본에는 중학교와 고등학교 6년 과정을 통합하여 운영하는 '중고일관교'가 있다. 일반 고등학교에 비해 대학 입시 결과가 너무 동떨어진 질문이라 순간 당황한 나는 되물었다.

"자녀분에게 왜 중학교 입시를 시키려고 하시나요?"

그녀는 담담하게 말했다.

"주변에서 다 그렇게 하니까요."

더 놀라운 사실은 그 후에도 똑같은 질문을 하는 학부모들을 여러 명이나 만났다는 점이다.

"우리 애만 안 시키면 뒤처질까 봐 걱정돼요."

이렇게 이야기하는 학부모도 있었다. 이 말은 곧 본인의 의지로 자녀에게 중학교 입시를 권하는 게 아니라 주변에서 다들 그렇게 하니까 한다는 뜻이다. 스스로 자신의 운명을 결정하지 못하는 사람, 나는 이런 경우를 종종 보곤 한다.

취업을 준비하는 학생들과 이야기를 나누어 봐도 비슷하다. 사실은 대졸 신입사원 공채에 지원할 마음도 없으면서 주변에서 다 하니까 마음이 급해져 이력서를 작성한다. 면접 때 다들 검은 정장을 입는 걸 마음속으론 비웃으면서도 혼자만 안 입으면 되레 눈에 띌까 봐 다른 사람의 눈치를 보며 자신도 검은 정장을 입는다. 그리고 본인의 의사는 애써 모른 척한다.

회사를 선택할 때도 많은 졸업생이 마치 약속이라도 한 듯, 인기 있는 기업에만 지원한다. 돈을 많이 벌고 싶다면 규모는 작아도 연봉이 높은 회사들이 얼마든지 있고, 일의 보람을 찾고 싶다면 기준을 조금만 달리해 찾아보면 그런 회사 또한 존재한다. 그럼에도 대부분 사회적 기준이나 주변의 시선을 의식해, 남들 하는 대로 대세를 거스르지 않으려 한다.

진학이나 취업은 인생에서 꽤 중요한 부분인데도 의외로 자신의 판단보다는 주변 분위기나 정체 모를 불안감에 휘둘려 의사결정을 내리는 경우가 적지 않다. 이러한 현상은 학교 교육의 문제와도 관련이 있겠지만, 의사결정에 필요한 기본적인 과정을 제대로 거치지 않는 경우가 많다는 뜻이기도 하다.

또 한편으로는 소위 '인플루언서'들의 조언을 비판 없이 받아들여, 자신의 미래를 쉽게 결정해버리는 사람도 있다. 이런 사람들과 이야기를 나누어보면 의사결정 과정에서 주체성이 희미하다는 걸 느낀다.

나는 스스로 자신의 운명을 결정하려는 사람이 한 명이라도 더 많아지기를 바란다. 이를 위해서는 적확한 의사결정 능력이 필요하다. 그러나 학생의 경우 젊은 만큼 경험이 적어 잘못된 판단으로 일을 그르치는 경우가 있다. 어떤 선택 앞에서 결정을 내려야 할 때 가장 우선해야 할 질문은 '목표'이다. 어떤 목표를 위해 이 의사결정을 해야 하는가. 그런데 여기서부터 많은 사람들이 오류에 빠진다.

무라시마의 목표

먼저 목표 설정에 대해 이야기해보자.

무엇을 이루고 싶으냐는 질문 자체가 중요한데, 마침 최근 이 주제로 대화를 나눈 적절한 사례가 있어 소개해보겠다. 주인공은 머리말에서도 언급했던, 이 책의 편집자 무라시마이다.

우리는 만난 지 두 번밖에 되지 않았지만 금세 마음이 잘 맞아, 서로 편하게 이름을 부르기로 했다. 이 책에서도 경칭 없이 '무라시마'라고 칭하기로 했다.

지금의 무라시마는 출판사에서 능력을 인정받으며 자

신의 역량을 발휘하고 있지만, 학창시절에는 꽤 많은 우여곡절을 겪었다. 그의 이야기는 내가 강의하는 학교 학생들의 이야기와도 겹치는 부분이 있고, 요즘 젊은 세대가 흔히 마주하는 고민과도 닮아 하나의 사례로 충분히 참고할 만하다고 생각한다.

무라시마는 현재 스물여덟 살이다. 나라현(奈良県)에서 나고 자랐는데 그의 인생에 역경이 찾아온 건 대학입시 때였다. 현립(県立) 중학교에 진학해 와세다대학교를 지망했으나 현역으로 입시에 실패해 재수를 하게 된다. 일 년간 공부에 매진했으나 역시 실패했다. 와세다대학교에 목매는 아들을 보며 부모님은 말했다.
"꼭 와세다가 아니어도 괜찮아. 간사이대학이나 간사이쮸크인대학처럼 성적에 맞는 학교에 가는 게 어떻겠니?"
그러나 타고나길 모범생에 융통성 없는 성격이었던 무라시마는 부모님의 조언에 귀를 기울이지 않고 와세다대학교에 집착했다.
무라시마는 왜 삼수를 해서라도 와세다대학교에 들어가려 했을까?

"한 경제잡지에 와세다대학과 게이오대학(일본의 명문 사립대학으로 손꼽히는 두 곳-옮긴이) 특집 기사가 실렸는데 와세다대학교 출신 기업 대표가 더 많다는 걸 알게 됐어요. 그게 가장 큰 이유였죠."

무라시마의 말을 듣고 나는 솔직히 놀랐다. '정말? 그게 다야?'라는 생각이 들었다. 삼수까지 했다기에 특별한 이유가 있을 줄 알았다. 하지만 막상 들어보니 그랬던 것은 아니다.

기업 대표가 많다는 이유를 들었지만, 사실 다른 대학들도 각자 많은 경영자를 배출하고 있다. 그리고 '경영자 수'라는 기준 자체가 어떻게 산정된 것인지 명확하지 않았다. 경제잡지만이 아니라 다양한 매체를 통해 데이터를 적극적으로 찾아봤다면 좀 더 객관적 관점과 판단 기준을 가질 수 있었을 텐데 말이다.

물론 무라시마는 문과였기에 상황이 조금 다르긴 하다. 하지만 예를 들어 이과만 보더라도, 국공립대의 연구실은 교수 한 명당 학생 수가 훨씬 적다. 졸업 연구에 배정되는 학생이 연구실당 한두 명 정도다. 반면 내가 아는 모 유명 사립대 이공학부 교수는 교수 한 명이 서른 명에 가까운 학생을 지도한다고 한다.

단순 비교일 뿐이니 더 객관적인 지표를 참고할 필요는 있겠지만, 적어도 무라시마가 말한 '와세다대학 출신 기업 대표가 더 많다'는 통계는 근거가 아주 탄탄한 것은 아니다.

더 근본적으로, 어떤 경영자가 되고 싶은지, 어떤 일을 하고 싶은지 물어보아도 뚜렷한 대답을 내놓지 못했다. 와세다대학교에 자신이 원하는 분야의 교수진이 실제로 있는지조차 조사한 흔적이 없었다. 경영의 본질이나 자신의 목표에 대해선 구체적인 생각이 없었지만, 머릿속에 그려둔 '멋진 경영자'의 모습만은 분명해 보였다. 그는 누구나 아는 유명인의 이름을 들었다.

"일론 머스크처럼 되고 싶어요."

'OO대학 합격', 'OO처럼 되고 싶다'는 건 흔히 들을 수 있는 목표 설정인데, 나쁘다고 할 순 없지만 그다지 추천하고 싶지 않은 방법이다. 왜 그런지 살펴보자.

목표 설정의 오류

목표와 성과 측정 사이의 오류를 짚어낸 중요한 통찰
로 '굿하트 법칙'이 있다. 영국의 저명한 경제학자 찰스
굿하트(Charles Albert Eric Goodhart)가 통화정책의 함정
을 설명하며 제시한 이론인데, 한마디로 요약하면 다
음과 같다.

> "성과를 측정하기 위한 지표가 목표가 되는 순간,
> 그 지표는 더 이상 유효한 기준이 아니다."

즉, 지표를 수단이 아닌 '목표'로 삼는 순간 문제가 생
긴다는 뜻이다.

예를 들면, "경력을 쌓기 위해 죽을힘을 다해 일하는
상태"가 대표적이다. "열심히 일하다 보니 자연스럽게
경력이 쌓인 상태"가 바람직하다고 굿 하트는 말한다.
오토바이를 좋아하는 사람이 세상에 한 대밖에 없는
오토바이를 만들어 성과를 인정받고 사내에서 책임자

자리로 승진하며 자연스럽게 연봉이 오르는 것처럼 말이다. 아주 간단하고 직관적인 동기와 결과이다.

공부의 경우에도 등수를 얼마만큼 올리겠다는 직접적인 목표를 세우지 않아야 한다. 교과 과정 외에 호기심을 가지고 다양한 책을 섭렵하거나 영화를 보고, 음악을 듣고, 혹은 다양한 사람과 만나 다양한 경험을 하는 사이에 성적이 오르는 것이 이상적인 패턴이다. 단순히 점수를 올리고 몇 등 안에 들어가겠다는 데 지나치게 집착하면, 애초에 공부를 하려는 목적은 잊은 채 시험을 잘 보는 기술, 점수를 잘 받는 방법에만 신경을 쓰게 된다.

음악가 사에구사 시게아키(三枝 成彰, 〈건담〉 음악 작곡가-옮긴이)의 이야기 중 흥미로운 사례가 있다. 사에구사는 〈기동전사 건담〉이나 〈슈퍼 로봇 대전 시리즈〉와 같은 작품의 배경음악을 작곡한 것으로 잘 알려져 있고, 영화나 NHK 대하드라마 음악 작업에도 다수 참여한 작곡가이다. 캐스터나 해설자로 활동하던 시절을 기억하는 사람도 있을 것이다.

어찌 되었든 일반적인 시각에서 보면 대중에게 이름

을 알린 성공한 음악가인데 그는 만족하지 않았다. 사에구사가 정말 하고 싶은 건 오페라였기 때문이다. 바이로이트 축제(Bayreuth Festival, 리하르트 바그너(Richard Wagner)의 오페라만을 공연하기 위해 만들어진 세계적으로 유일한 음악 축제-옮긴이)에서 바그너의 〈트리스탄과 이졸데〉라는 오페라가 상영되기로 결정되자, 당시 티켓 가격이 무려 천만 원을 넘는데도 직접 보기 위해 독일까지 간 인물이다.

오페라를 그만큼 좋아하고 음악가로서 오페라로 성공하고 싶었기 때문이었을 것이다. 〈건담〉 음악이 대중의 사랑을 받아 기쁘긴 했겠지만 사에구사에겐 그것만으로는 채워지지 않는 부분이 있었다.

사에구사의 이야기를 들으며 잘 팔리는 것과 본인이 만족하는 것은 반드시 일치하지 않는다는 사실을 새삼 깨달았다. 배부른 소리처럼 들릴 수 있지만, 실제로 이런 사례는 의외로 많다.

그러고 보면, 좋아하는 일이나 순수하게 몰입할 수 있는 일을 우선순위에 두는 것이 결국 더 행복한 삶으로 가는 길이 아닐까 싶다.

물론 좋아하는 옷을 사고, 맛있는 음식을 먹고, 좋은 집에서 살거나, 해외여행을 가서 호화로운 호텔에 머물기 위해 돈이 필요한 건 사실이다. 하지만 돈이 많다고 해서 인간의 욕망이 완전히 충족되는가 하면, 그 또한 그리 단순한 문제는 아니다.

경제적으로 윤택한 사업가들을 몇 알고 있는데 돈만으로 그들의 삶이 충만하지는 않다. 그런 케이스를 종종 보곤 한다. 결국, 아무리 돈이 많아도 행복하지 않은 사람은 많다.

미래는 누구도 알 수 없다

나의 경우 처음부터 뇌과학자가 되려고 한 것은 아니다. 내가 알고 싶은 지식, 연구하고 싶은 학문을 좇다 보니 뇌과학자가 되어 있었다.

사실 연구 분야를 뇌로 정했을 당시에는 뇌과학이 비주류 학문이었기 때문에 연구자도 극소수에 불과했다. 게다가 뇌과학을 선택한 사람들은 나를 포함해 다들 분명 조금씩은 별난 구석이 있는 사람들이었다.

주변에서도 "뇌 연구라니, 그런 걸 왜 해?"라는 소리를 듣곤 했다. 인기 없는 학문을 전공하면 경제적으로 궁핍해지는 경우가 많기 때문에, 아마도 나를 생각해서 한 조언이었을 것이다. 나 역시 그런 부분들을 생각하지 않은 건 아니지만, 그럼에도 '생각하는 것' 혹은 '심리란 무엇인가'와 같은 질문을 연구하고 싶었다.

그런데 이후 뇌과학 붐이 일었고, 나에게 TV를 비롯한 각종 미디어에서 출연 요청이 들어왔다. 나는 "통찰 경험"을 방송에서 소개하기도 하고, NHK 〈프로페셔널 직업의 정석〉 사회를 맡기도 했다. 뇌과학을 연구하며 TV에 출연하리라곤 전혀 생각지도 못했으니, 인생이란 어떻게 흘러갈지 모르는 법이다.

성공한 사람은 몰입의 순간을 경험해본 사람

성과만 좇는 사람은 회복력(탄력성)이 약한 경우가 많다. 이는 외부 자극에 쉽게 무너진다는 의미이기도 하다. 이미지로 떠올리면 불에 타기 쉬운 유약한 이미지라 할 수 있다. 소재는 단단하지만 쉽게 불이 붙고 재가 되어버리는 것이다.

문학계를 예로 들면, 어떤 세계관을 그리고 싶다거나 혹은 주제를 지금과 다른 관점에서 써 보고 싶다거나 그저 욕구를 따라 쓰다 보니 문학상 후보에 올랐다는 케이스가 늘어나고 있는데, 이렇게 수상에 이르는 과정이 목표 설정 측면에서는 바람직한 방향이 아닐까. 특정 문학상 수상을 목표로 설정하는 방식은 아무래도 아쉽다.

하지만 의외로 이런 식으로 목표를 설정하는 경우는 흔하다. 여기엔 학교 교육의 영향도 있을 것이다.

야구의 경우 고시엔(일본의 한신 타이거스 홈구장인 고시엔에서 열리는 고교야구 전국대회를 흔히 '고시엔'이라 부른다.-옮긴이)을 목표로 설정한다든지, 합창은 콩쿠르 입상처럼 단번에 눈에 띄는 목표를 제시해 이를 향해 노력하도록 지도하는 경우가 많기 때문이다. 이런 것들은 목표를 향해 나아가는 과정에서 성과를 측정하는 지표 중 하나일 뿐이다. 참고는 하되 뜻대로 되지 않았다고 낙담하거나 자신의 가치를 의심할 필요는 없다. 성과에 너무 집착하면 작은 실패에도 쉽게 무너질 수 있다.

이렇게 이야기하면 무라시마는 이렇게 말한다.

"러셀(Bertrand Arthur William Russell)이라는 철학자가 있지 않습니까?"

"그야, 러셀 정도는 알지."

뭐야, 철학 좀 안다고 잘난 척하는 건가라고 생각할 찰나 무라시마가 이어서 말한다.

"러셀은『행복론』이란 책에서 모기 작가님과 비슷한 말을 했어요. 성공한 사람은 무언가에 몰두해 본 경험이 있는 사람이다. 반대로 이루지 못한 사람은 본인 내부 세계에만 관심이 있고 인정 욕구가 강해 주변에서 인정받거나 칭찬받고 혹은 사회 속에서 누군가 위에 서고 싶다는 욕망만 가득한 사람이라고 말이죠."

재미있는 이야기였다.

그런데 그걸 알면서 와세다대학교만 가려고 했던 자신
을 스스로 분석하진 못했나보다.

'노력은 배신하지 않는다'는 말, 사실일까?

목표를 향해 나아갈 때 계획대로 술술 잘 풀리는 행운
이 모두에게 주어지지는 않는다. 좌절이 찾아오기도
한다. 이럴 때 마치 위로라도 하듯 주변에서 이런 말을
하곤 한다.

"네가 노력하면 어떤 목표든 다 이룰 수 있을 거야."

자기계발서에 자주 나오는 말이기도 하고, 방송이나
잡지에서 연예인들이 젊은 세대를 격려할 때 주로 사
용하는 말이다. 가요에도 이런 내용을 담은 곡이 종종
나온다.

나만 해도 과거에 무심코 이 말을 입에 담곤 했다. 이
자리를 빌려 사과하고 싶다.

아마 이 말은 능력주의, 즉 '메리토크라시(meritocracy)'

의 반영일지 모른다.

과거에는 태어난 집안이나 출신으로 장래가 결정됐다. 왕권을 중심으로 귀족들이 사회의 지배층을 구성했기 때문에 아리스토크라시(Aristocracy, 귀족정)라고도 한다. 근대에 들어 개인의 능력과 재능을 노력으로 갈고닦아 성공을 쟁취할 기회가 열렸다. 이는 출신 성분과 관계없이 노력 여하에 따라 자신의 미래를 개척할 수 있음을 의미했으며 많은 이들에게 희망을 주었다. 결과적으로 평등한 사회로 가는 시발점이 되었다.

그러나 시대가 흐르며 문제가 생겼다. 하버드대학의 마이클 샌델(Michael J. Sandel) 교수는 그의 저서『공정하다는 착각』에서 날카롭게 지적한다. 메리토크라시는 부유층의 고정화를 불러 학벌주의를 낳고, 사회의 불평등을 가속화한다.

동시에 사회에서 성공하기 위해 높은 전문 지식과 학위를 요구하기 때문에 대학 진학률이 올라가고 입시전쟁 과열을 부추긴다. 이 전쟁에서 살아남는 건 입시 준비에 많은 돈을 투자할 수 있는 경제적으로 부유한 가정에서 자란 학생으로 편중되는 경향이 강해진다.

그 결과 사회의 양극화가 진행된다.

입시 경쟁의 승자는 "성공은 내가 노력한 결과"라고 착각해 패자를 향해 "본인의 노력 부족"이라고 비난하는 풍조가 생겨났다.

물론 풍족한 환경에서도 노력 없이는 합격이란 결실을 볼 수 없으며 경쟁에서 살아남은 자들은 그 노력을 평가받길 바랄 것이다.

그런데 한편으로 경제적 사정으로 입시의 기회조차 얻지 못한, 입시의 출발선에조차 서 보지 못한 사람도 있다. 이런 이들의 존재가 무시되는 것이 뿌리 깊은 문제이다. 나는 메리토크라시 개념이 매우 순진한, 치기어리고 세상을 너무 모르는 말이라고 생각한다.

"재능 × 노력 = 성과"라는 공식으로 답을 구할 수 있다고 하더라도, 누구나 이 공식만 따르면 성과를 낼 수 있다는 그 전제 자체가 잘못되었다고 나는 생각한다.

거듭 말하지만 아무리 노력해도 제반 조건이 받쳐주지 않으면 성과를 내기 힘든 경우가 있다. 입시뿐 아니라 실제 사회에서도 비슷하다. 사실 나 또한 비슷한 경험을 한 적이 있다.

의식의 기원을 설명하는 이론에는 양대 산맥이 존재한다. '글로벌 워크스페이스 이론(Global Workspace

Theory)'과 '통합 정보 이론(Integrated Information Theory)'이다. 그러나 이러한 커뮤니티 어느 곳에도 나는 속해 있지 않다. 소위 말하는 비주류파인 것이다. 나는 일본 안에서는 나름 인지도를 쌓아 영향력이 있으나 의식 연구 국제학회에서는 완전히 비주류이다.

작년에도 학회에 참석했을 때 확실히 깨달은 점은 여기 사람들과 일 초도 말을 섞을 일이 없다는 점이었다. 이야기를 나눠도 그들에게서 얻을 수 있는 것이 없었기 때문이다. 나의 의식 연구 접근법은 현재 학회의 주류파와 달라 매우 특수하므로 어떤 연구자도 관심을 보이기 힘든 주제이다.

학회에서는 양대 산맥이 "이쪽 이론이 맞다.", "저 이론은 틀렸다."라고 한다. 그러나 내가 보기에는 "모두 틀렸다." 나는 내 접근방식이 아마도 맞을 거라고 생각한다. 백 년, 이백 년 후 내가 세상에 없을 가능성이 높지만 언젠가 나의 접근법이 옳았음이 증명되는 날이 올 거라 믿는다.

이런 상황들로 괴로움이나 갈등을 안고 있기에 인정받지 못하는 사람의 괴로움을 잘 안다. 세상은 그렇게 공평하지 않다는 생각이 든다.

일이 막힐 때 필요한 건 '궤도 수정'

고민이 있을 때나 혹은 갈피를 잡지 못할 때, 좌절했을 때 어떻게 하면 좋을까?

이제까지의 노력을 보상받기 위해 자신이 걸어온 루트를 그대로 고수하며 나아가야 할까, 아니면 깨끗하게 지금까지 방식을 버리고 궤도를 수정해야 할까?

여기 궤도를 수정한 인물이 있다. 육상선수로 활동했던 다메스에 다이(爲末大)이다. 주 종목은 400미터 허들로 2001년, 2005년 세계육상선수권대회에서 두 번 동메달을 획득했다. 육상 트랙 경기 종목에서 일본인이 메달을 딴 건 사상 처음이었다. 게다가 시드니, 아테네, 베이징 올림픽 연속 출전을 이루었다.

눈부신 성적을 낸 다메스에 선수였지만 실은 경기종목을 전향했었다.

그는 중학교까지는 100미터 선수로 신기록을 세웠다. 중학교 3학년 때에는 100미터뿐 아니라 200미터, 400미터에서도 1위에 올랐다. 그러나 이런 그에게도

시련은 있었다.

고등학교에 올라가 기록이 제자리걸음을 한 것이다. 그전까지는 '노력하면 된다.'라는 마음으로 노력하면 실제로 기록도 따라왔으나, 이제는 그렇지 않았다. 그는 성적이 부진한 자신의 상황을 냉정하게 분석했다. 이 점이 그의 영리함이 돋보이는 포인트인데, 이대로는 계속 100미터 등 단거리 종목에 출전해도 이전처럼 좋은 성적을 내긴 힘들다는 결론에 도달했다.

그에게 단거리를 그만두어야 할 이유는 단순했다. 바로 자신의 발이 변형되어 모양과 균형이 단거리에 적합하지 않다는 걸 깨달은 것이다. 확실히 운동선수는 종목에 따라 체형이 다르다. 운동에 문외한이라도 농구 선수와 투포환 선수의 체형이 완전히 다르다는 건 알 것이다. 올림픽 선수촌에 가보면 경기종목에 따른 선수들의 체형 차이가 확연히 보인다.

다메스에 선수는 그의 저서『포기하지 않는 힘(諦める力)』에서 '이기기 위해 100미터를 버리고 허들로 전향했다.'고 말했다. 은사의 추천으로 허들 경기에 관심을 두게 되었는데 상위권 선수들의 경기를 보며 승산이 있다고 판단했다고 한다.

오래된 연인을 쉽게 떠나지 못하는 뇌의 진짜 이유

일본에서는 이기기 위해 종목을 변경하는 걸 불순하게 보는 시각이 있다. 그러나 다메스에 선수는 그런 시선에 아랑곳하지 않고 결단을 내렸다. 그는 '매몰비용(Sunk Cost)'의 개념을 잘 이해하고 있었다.

영화 상영 시작 후 5~10분만 봐도 망한 영화임을 알 때가 있다. 모처럼 영화 티켓을 샀는데 중간에 나오려니 아까운 마음이 든다. 일단 참고 두 시간 정도 버텨 보겠는가? 아니면 시간이 아까우니 중간에 나올 것인가?

영어 "Sunk(가라앉다, 매몰되다 Sink의 과거 분사형)"는 투자한 돈이나 시간이란 의미, 즉, 한번 지불하면 다시 돌아오지 않는 비용을 말한다. 영화의 경우 티켓 비용은 되돌리기 어려우니 손해 봤다고 치고, 두 시간 가까운 시간을 유용하게 보내기 위해 중간에 나오는 게 현명하다.

연애도 마찬가지이다. 애인과 몇 번 만나 데이트하고 멋진 레스토랑에서 식사하고 선물도 했다. 그럼에도 최근 애인의 태도는 냉랭해졌고 결국 이별하자고 한다. 하지만 지금까지 그 사람에게 쓴 시간과 돈을 생각하면 쉽게 이별을 받아들일 수가 없다. 어떻게 할 것인가? 기분은 이해하지만 매몰 비용이니 포기하고 가능하면 빨리 새로운 만남을 찾아 떠나는 편이 좋다.

다메스에 선수는 은사로부터 허들로 전향하라는 추천을 받았는데, 이는 평소 학생들과 선수를 지도하는 사람의 의견인 만큼 귀중한 조언이다.

앞에서도 나온 이름 러셀. 그는 철학자 루트비히 비트겐슈타인(Ludwig Wittgenstein)의 재능을 발견해 냈다.

비트겐슈타인은 학창 시절 프로펠러 엔진을 개발했는데 철학에도 흥미가 있어 진로를 고민했다고 한다. 그는 진로를 결정하기 전에 러셀에게 에세이 형식의 자신이 쓴 글을 읽어주기를 청했다. 그리고 만약 형편없다는 평가를 받으면 프로펠러 엔진 연구에 전념하기로 결심했다.

어떻게 되었을까. 모두 알다시피 그는 철학자가 되었다. 러셀은 비트겐슈타인이 쓴 글을 읽고 "자네는 철학을 하도록 하게."라고 말했다고 한다.

한 사람의 인생은 자신의 재능을 적확하게 발견해 줄

인연을 만나 크게 달라지기도 한다.

만약 자신의 재능에 스스로 판단이 서지 않는다면, 비트겐슈타인처럼 주변에 도움을 청해보자.

인생의 목표에서 대학이란

무라시마는 등수로 따지면 높은 수준의 와세다대학교에 지원했으나 그 꿈을 이루지 못했다. 하지만 명문대에 입학했다 하더라도 그것이 그 사람이 우수함을 보증하는 것은 아니며 인생의 성공을 보장하는 것도 아니다.

이런 말을 조언이랍시고 대학입시에 필사적으로 매달려 공부하는 학생에게 해도 귀에 들어올 리 만무하다. 그럼에도 나는 "수능 문제 따위 크게 중요하지 않다."라고 말해주고 싶다.

학교나 입시 제도는 다양한 재능을 발견해내는 시스템이 아니라 기계적으로 학생에게 베팅 마크를 붙이는 작업일 뿐이다. 이는 예나 지금이나 마찬가지이다.

마쓰모토 유키히로(Yukihiro Matsumoto)는 1995년에 일본 최초로 프로그래밍 언어 '루비(Ruby, 객체지향 스크립트 언어-옮긴이)'를 개발한 사람으로, 어떤 의미에서 천재라 할 수 있다. 그러나 그는 고등학교 3학년 때 수학 성적이 최하위였다.

내가 존경하는 알베르트 아인슈타인도 취리히연방공과대학 진학에 한 번 실패해 재수했다. 아인슈타인 정도의 천재도 입시에 실패하는 것이 수능이다.

좀 더 역사를 거슬러 올라가면 나폴레옹도 있다.

물론 나폴레옹이 아인슈타인처럼 재수한 것은 아니지만 괴테가 시인 요한 페터 에커만(Johann Peter Eckermann)과 나눈 대화에서 나폴레옹을 언급하며 이렇게 말한 바 있다.

"세상엔 행동의 천재라는 것도 있다네."

'행동의 천재성'은 나폴레옹을 교실에 집어넣고 시험을 치르게 한다고 확인할 수 있는 게 아니다. 나폴레옹의 실력이 드러난 건 그의 주 종목, 유럽을 석권한 업적을 세워 비로소 알려진 것이지 지금의 입시 제도로 그 능력을 평가하기란 불가능에 가깝다.

입시 제도는 인간의 능력을 어느 정도 확인하는 수단에 지나지 않는다. 즉 보편적인 평가 시스템은 아닌 것이다. 입시에 강해서 이름만 대면 다 아는 대학에 들어갔더라도 사회에 나와 이렇다 할 재능을 뽐내지 못하는 경우도 적지 않다.

IQ만으론 설명할 수 없는 인간의 다양한 재능

20세기가 시작될 무렵 인간의 지능에 관한 연구가 발전하였고, 먼저 등장한 것이 영국의 심리학자 찰스 스피어먼(Charles Edward Spearman)이 주장한 'g 요인(인자)'이다. 한 시험에 능한 사람은 다른 시험 성적도 좋다는 사실로부터 지능에는 다양한 능력을 커버할 수 있는 공통 인자가 있음을 발견하고 이를 'g 요인'이라 명명했다. 오늘날의 '지능지수(IQ)'가 여기서 출발했다. 반면 "인간에게는 IQ 같은 측정치만으로 측량할 수 없는 다중적인 지능이 있다."고 주장한 사람이 하버드

제1장 목표에 대하여

대학교 교육학대학원 교수인 하워드 가드너(Howard Gardner)이다. 가드너의 다중지능이론에 따르면 인간에게는 '다중지능'이 존재한다. 크게 나눠서 '8개의 지능'이 있는데, 언어, 논리 및 수학, 공간, 신체 및 운동, 음악, 인간관계 및 형성, 자기관찰 및 관리, 자연으로 분류할 수 있다.

지능이란 유일한 것일까, 아니면 다중적인 것일까. 이에 관한 논쟁은 아직 끝나지 않았고 지금도 격렬하게 논의되고 있다.

나는 입시도 그렇지만 기업이 직원의 능력과 퍼포먼스를 평가할 때 기준이 지나치게 단일화(monoculture)되어 있다고 생각한다. 지금도 일본 입시는 지필고사 평가가 대부분이기 때문에 점수가 1점이라도 높은 사람이 합격한다.

얼핏 '공평'한 것처럼 보이지만, 인간이 다양한 지능을 가지고 있다는 관점에서 보면 지필고사만으로 평가하는 방식은 어떤 의미에서 편견이다. 인간의 판단을 배제한다고 하지만 시험 날 하필 머리가 아파 시험을 망칠 수도 있기 때문이다.

길이 하나만 있는 건 아니다

만약 이런 입시제도 하에서 길을 찾지 못했을 경우, 시선을 국내에만 두지 말고 좀 더 확장해본다면 목표를 향한 선택지는 더 다양할 수 있다.

예를 들어 캐나다 토론토대학은 수능이 없다. 이 대학에서는 AI 연구의 제일인자로 "인공지능의 대부(Godfather)"라고도 불리는 제프리 힌턴(Geoffrey Hinton)이 명예교수로 재임하고 있다. 여기에 힌턴의 제자로 일리야 수츠케버(Ilya Sutskever)가 있다. 그는 오픈에이아이에서 챗지피티를 만든 주축 인재 중 한 명으로 현재 매우 주목받는 연구자 중 한 명이다.

이런 AI 연구를 견인하는 인재를 배출한 대학이 수능을 보지 않는다.

유럽의 입시에도 이러한 경향이 엿보인다.

독일에서는 고등학교 졸업 자격을 얻으면 기본적으로 어느 대학에라도 갈 수 있음을 전제로 한다. 의학부가 있는 대학에서는 높은 석차를 요구할 수도 있겠지만,

일단 어느 대학이든 갈 수 있는 가능성이 주어진다.

미국은 SAT(Scholastic Assessment Test)라는 공통 시험을 보는데 최근 트렌드는 캐나다처럼 이조차 없애려는 추세라고 한다. 대학도 SAT 점수를 보지 않는 곳이 늘고 있다.

이를 대체하는 시험이 AO(Admissions Officer) 전형이다. AO 입시에서는 내가 자란 가정의 경제적 환경이나 사회적 자원의 영향을 배제하기 어렵다는 반론도 있지만, 적어도 지필고사를 통한 석차 중심의 합격 판단보다 다양한 사람에게 대학의 문을 열어주었음은 분명하다. 그 결과 다양한 학생이 고르게 교실을 구성하게 되었다. 크게 분류하면 이렇다.

- 마크 저커버그 같은 '오타쿠'
- 일론 머스크, 스티브 잡스처럼 '잘생긴 야심가', '부드러운 반항아'
- 부잣집에서 태어난 '금수저'

이들 세 가지 유형을 고르게 섞는 것이다.

메타(Meta)는 페이스북(Facebook) 시절부터 다양한 인재의 융합을 통해 탄생한 기업이었다. 애플(Apple)도 스티브 잡스에 스티브 워즈니악(Steve Wozniak)이라는 광기 오타쿠가 있었기에 성공할 수 있었다. 워즈니악만, 혹은 잡스만 있었다면 애플 같은 비전은 탄생하기 힘들었을 것이다.

미국에서 대학 평가는 졸업생이 얼마나 사회에서 활약하느냐로 결정된다. 입시 난이도나 석차로 결정되는 일본과는 완전히 다르다. 졸업생의 수익 창출 능력, 비즈니스에서의 활약상 그리고 사회 기여도에 주목한다. 따라서 사회에서 훌륭히 활약하는 졸업생들이 어떻게 성공을 거머쥐었는지 분석하기 쉽다. 이를 의식해 미국 대학은 다양한 인재를 골고루 영입하려고 한다.

일본 대학에 비유하면 도쿄공업대학처럼 '오타쿠' 성향 대학생과 '부드러운 반항아' 성향이 강한 게이오기주쿠대학의 학생을 섞어 한 대학에 영입하는 것이다. 일본에서는 이 두 대학이 통합되거나 교류하는 경우는 앞으로도 없을 것이다.

미국 대학의 경우 대학이라는 "클럽"에 누구를 영입할 것인가는 그 클럽, 예를 들어 대학원이나 학부 매니저가 결정할 수 있는 특권이다. 이에 반해 대부분의 일본 대학은 교수회의 힘이 너무 강력해 면접에도 교수진이 배석하는 경우가 많다.

하버드의 AO 전형

하버드대의 AO 입시 전형은 상당히 자유롭다. 입시 방법이나 합격 기준도 베일에 싸여 있어 어떤 학생을 원하는지 정확한 기준은 알 수 없다. 그러나 복수의 관계자를 통해 들은 정보를 조합해보면 이렇다.

학생을 뽑는 기준은 매년 조금씩 다르겠지만, 예를 들어 이런 주제가 나온 적이 있다.

<당신은 열 명을 골라 파티를 개최하는 역할을 맡았다. 재미있는 파티로 만들기 위해 파티에 참여할 사람을 입학시켜라.>

주제를 제시하는 건 파티의 주최자인 대학원과 학부 교수. 대학의 경우 4년 동안 치러질 파티를 주최하는 게 되므로 학부마다 선발하는 학생의 기준이 다를 것이다. 파티가 좋으면 자연히 좋은 수업이 이루어지리라 생각했으리라.

또 하나 흥미로운 점은 하버드대가 일관적으로 주장하는 평가 기준이다.

"다른 학생에게 좋은 영향을 주는 학생인가."

그 사람이 있음으로써 긍정적이고 건설적인 인생을 살고픈 마음이 드는, 이렇게 긍정적인 영향을 주는 사람이 있으면 대학 수업도 동아리 분위기도 활발해질 것이다.

미국은 언뜻 보면 티가 나지 않지만, 확실히 사회의 토대를 쌓거나 좋은 영향을 주는 사람을 발견해 평가해주는 문화가 있다. 아마도 이런 태도가 미국 사회를 지탱하는 버팀목이 아닐까 싶다.

일본 입시에서는 성적만 강조되지만 '다른 사람에게 좋은 영향을 주는 사람'을 적극적으로 등용한다고 홍보한다면 앞으로 사회도 변하지 않을까?

다른 사람에게 좋은 영향을 주는 학생을 합격시키는 대학은 분명 좋은 대학일 것이고 만약 내가 수험생이라면 그런 대학에 입학하고 싶을 것 같다.

어찌 되었든 일본의 경우 4년 동안 함께할 파티의 멤버를 고를 자유가 대학에 없다. 따라서 지필고사로 점수가 높은 순서로 입학시키는 기준밖에 없는 것이다. 혹시 이런 경직된 입시제도가 일본의 잃어버린 30년을 가져온 게 아닐까.

AI 시대에 살아남으려면 다양한 인재가 필요한데 구시대적인 지필고사라는 필터를 주축으로 인재를 모집한다. 이래서는 다양한 인재를 확보하기 어렵다는 건 자명한 사실이다.

한 가지 더 덧붙이자면, ‘세계 대학 랭킹’에 속지 말라는 것이다.

그 순위에는 영국식, 아니 정확히 말하면 앵글로색슨식의 영리함이 잘 드러나 있다. 아주 잘 짜인 교묘한 시스템이다. 사실 이 지표는 서구의 대학 산업을 보호하기 위해 만들어진 것인데, 여기서 몇 위를 차지했느냐에 따라 일본 대학들은 일희일비한다. 즉 순위가 낮으면 좌절한다.

관계자에게 들은 바로는, 일본의 대학들이 세계 대학 랭킹 조사기관에 데이터를 제출할 때, 순위를 조금이라도 올리기 위해 컨설팅 회사의 조언을 구하고 있다고 한다. 컨설팅 회사는 이 니즈를 돈벌이의 수단으로 이용한다.

“귀교의 랭킹을 올리고 싶습니까? 이 과정을 수강하시면 그 방법을 알려드립니다.”

컨설팅 회사로서는 참 좋은 장삿거리인 셈이다.

이렇게까지 해서 순위를 올리려는 건 순위에 따라 지망생이 늘고 그만큼 이익으로 이어지기 때문이다. 이런 상술을 잘 활용하는 게 앵글로색슨족이다. 그러니 세계 대학 순위는 참고만 하길 바란다.

'대학은 중요하지 않다'는 말

고등학생이나 대학생과 이야기를 나눌 때 이런 말을 종종 듣는다.

"대학은 꼭 가지 않아도 괜찮다는데요?"

"저에게 대학이 꼭 중요한 것 같진 않아요."

왜 그렇게 생각하는지 학생들에게 물으면 다음과 같이 대답하는 경우가 의외로 많다.

"호리에몬(호리에 다카후미, 일본의 인플루언서-옮긴이)과 히로유키(니시무라 히로유키, 2채널 창립자-옮긴이)가 대학은 필요 없다고 했어요."

어떤 의미로 그들이 대학은 필요 없다고 말했는지는

제1장 목표에 대하여

잘 모른다. 다만 호리에 씨는 본인도 8년간 대학에 다녔다. 나리타 유스케(成田悠輔, 일본 출신 경제학자이자 데이터과학자, 예일대 경제학과 조교수-옮긴이)의 동생 나리타 슈조(成田 修造, 일본 최대의 프리랜서 플랫폼인 크라우드웍스의 공동창업자, 기업가-옮긴이)도 인터넷 뉴스에서 "대학은 정보 취약층이 가는 곳이다."라는 말을 한 적이 있는 걸로 아는데, 이렇게 묻고 싶다.

"나리타 씨는 대학을 졸업하신 걸로 아는데 정보 취약층이신가요?"

호리에나 나리타처럼 본인은 대학을 졸업했으면서 대학이 필요 없다고 말하는 사람의 말은 주의해서 들어야 한다. 물론 지금은 대학에 가지 않아도, 인터넷을 통해 얼마든지 다양한 지식을 배울 수 있다. 세상에는 배움의 기회가 넘쳐나기 때문에, '꼭 대학에 가야 한다'는 생각은 이제 틀렸다고도 할 수 있다.

실제로 미국에서는 구글 본사 직원 중 약 30퍼센트가 대학을 졸업하지 않았다고 한다. 이 사실만 보면 미국은 철저한 능력주의 사회처럼 보이지만, 사실 그렇게 엄격한 의미의 능력주의 사회는 아닌 것 같다.

그러나 일본은 그렇지 않다. 앞서 언급했듯 일본에서

는 철저한 능력주의가 뿌리내려 대학 졸업장이 없으면 살아남기 힘든 것이 사실이다. 쉽게 말하면 평균임금이 높은 대기업은 물론 중소기업 중에도 반드시 대학 졸업장을 요구하는 곳이 많다.

나는 누구 밑에서 일하지 않고 직접 창업할 거니까 괜찮다고 생각하는 사람도 있을지 모르지만, 그런 간단한 문제가 아니다. 성공한 기업가들에 따르면 대학을 졸업하지 않은 사람은 좀처럼 기회를 잡기 힘들다고 한다.

또, 대졸자와 고졸자의 생애소득을 보면 확연히 차이가 보인다.(독립행정법인 노동정책 연구 연수 기구 '유용한 노동통계 2022') 남성은 고졸의 경우 약 18억, 대졸 또는 대학원을 졸업한 사람은 약 23억으로 고졸과 대졸 간에 약 5억 정도 소득 차이가 난다. 여성 고졸의 경우 약 14억, 대졸은 약 19억으로 역시 약 5억 정도 소득 차이가 난다. 격차가 명확하다.

이런 현실을 알고도 대학 진학을 포기하거나 대학을 중도 포기한다면 그건 그대로 하나의 판단으로 존중해야겠지만, 아무래도 학생들은 이런 정보에서 취약하다. 대학에 안 가도 된다고 말하는 고등학생들의 특징은 "자, 그럼 대학에 안 가고 뭘 할 건데?"라고 물으면 아무 대답도 못 하는 경우가 많다는 것이다. 게임이나 유튜브를 보며 결국 시간을 낭비하게 된다.

왜 이런 현상이 일어나는지 조사해보니 '지금 이대로도 괜찮아.'처럼 달콤한 말을 하는 인플루언서들의 영향을 많이 받았다는 걸 알 수 있었다. 특히 일본에서 이런 메시지는 사회 안정화 장치로 작용하는 경우가 많다. 그러나 이들의 말에 현혹되면 인생의 쓴맛을 볼 수 있다.

인플루언서 중에는 세대 간 대립을 부추기면서 '젊은 세대가 이 모양인 건 윗세대 때문'이라는 말을 하는 사람도 있는데, 이와 비슷하게 '우리는 젊다는 것만으로도 반짝거린다'와 같은 근거 없는 자기 확신을 남발하기도 한다.

당연한 말이지만, 인플루언서의 의견이 자신에게 항상 옳은 건 아니므로 주의해서 듣고, 신뢰성을 검증할 장치도 꼭 마련해두길 바란다.

다음 장부터는 이 책의 본론으로 들어가보고자 한다.

즉, 인생을 내 손으로 개척하기 위한 구체적인 방법, 적확한 의사결정을 하는 방법에 관한 장이다.

말도 안 된다 싶은 내용이라 생각할 수도 있지만 이는 전부 터무니없는 이야기가 아니라 뇌과학, 철학, 심리학 등 여러 최신 학문을 망라해 기술한 내용이므로 잘 따라오길 바란다.

제2장

나는 내 의지대로
결정하고 있을까?

자유의지는 없지만 자유로이 거부할 자유는 있다.
이것이 벤저민 리베트 실험의 핵심으로
동시에 자유의지와 관련된 중요한 부분이기도 하다.
즉, 인간은 거부함으로써
자신의 운명을 컨트롤하는 것이다.

애초에 자유의지란 없는 게 아닐까?

여기서 또 이 책의 담당 편집자 무라시마가 등장한다. 그는 삼수를 했음에도 와세다대학에 들어가지 못하고 쥬오대학에 입학했으나, 입학 후 더 큰 난관에 봉착한다. 학교 수업에 좀처럼 재미를 붙이지 못한 것이다. 무라시마의 당시 상태는 수업의 과제 리포트조차 작성하지 못할 정도였다. 과제를 내지 않으면 안 된다는 걸 알면서도 도저히 과제에 집중할 수 없었다. 그러나 주변 동기들은 당연하다는 듯 술술 리포트를 써 내려갔다. 무라시마는 이렇게 생각했다.

'동기들은 자유자재로 의지를 조절할 수 있는 것 같아.' 하지만 자신은 아무리 노력해도 되지 않았다. 무라시마는 스스로 의지를 다지는 능력이 자신에게 없는 게 아닐까 생각했다. 과연 철학을 공부하려는 학생다운 접근이다. 무라시마는 자유의지에 관한 서적을 섭렵하기 시작했다. 그리고 그는 깨달았다.

'어쩌면 인간에게는 애초에 자유롭게 결정할 수 있는

의지, 즉 자유의지가 없는 것은 아닐까?’

‘자유의지’는 뇌과학 분야뿐 아니라 철학, 심리학 분야 연구자들 사이에서도 활발히 논의되고 있는 주제이다. 무라시마는 관련 서적을 섭렵했으나 자신이 이해할 만한 답은 얻지 못했다.

그건 결국 무라시마가 철학에 흥미가 없어서 그런 것 아니냐, 개인의 흥미 문제 아닌가 하고 생각할 수 있지만 그건 아니다. 머리말에서도 밝혔듯이 자유의지는 현대를 살아가는 인간이라면 꼭 알아야 할 중요한 주제이다.

‘자유의지’는 우리가 일상생활에서 흔히 접하는 단어는 아니다. 나의 지난 저서를 읽어본 독자라면, 그 책에서 몇 번 봤던 기억이 있을 것이다.

예를 들어, 우리는 오늘 점심으로 뭘 먹을지 스스로 생각하고 결정했다고 생각할 것이다.

그런데 너무도 당연해 보이는 이 의사결정이 어떻게 이루어지는지, 뇌과학이나 철학의 영역에서는 아주 오랫동안 많은 논의가 이루어져 왔다.

현재로서는 “자유의지는 없다.”라는 주장이 주류로 자리 잡았다. 다양한 과학 분야의 연구자 백 명에게 “자유의지는 있다고 생각하는가?"라고 질문하자 열 명 중 아홉 명은 "없다."라고 대답했다고 한다. 우리가 당연하게 생각하는 '자유의지에 따른 결정'이란 전제를 부정한 것이다.

그렇다면 우리는 어떻게 의사를 결정할까?

기본적으로 뇌 속에 있는 특정 화학물질과 전기신호의 반응 같은 물리화학적 프로세스를 통해 결정된다. 뇌뿐 아니라 인간의 몸은 화학물질과 전기신호의 작용으로 기능이 유지된다. 하지만 대부분 사람들은 그저 막연한 느낌만으로 뇌에 의식과 생각이 작용하리라 생각한다. 이런 마음을 나도 이해한다. 그러나 과학적으로 검증해보면 우리가 결단을 내릴 때 의식이나 마음이 관여하지 않음을 알 수 있다.

의식이 그려내는 방향성

이렇게 말하면 자신이 무언가를 하고자 할 때 뇌의 물리적 활동으로 어떠한 주사위가 던져지고 그 결과에 따라 자신이 움직일 뿐이라고 받아들일지 모른다. 마치 뇌에 의해 조종되는 꼭두각시 인형같이 말이다.

"뇌가 먹고 원하는 걸 결정한다고 하니 나는 거기에 따를 뿐."

그러나 그렇지 않다. 물론 우리가 느끼기에 이런 이미지를 떠올리는 건 충분히 이해가 간다.

나도 마찬가지이다. 나는 소바를 좋아하는데 자주 길거리 소바집에 들러 먹곤 한다. 이때 결코 누군가의 명령을 받거나 조언을 듣고 소바를 주문했다고 생각하지 않는다.

그렇다면 실제로 어떻게 판단이 내려질까?

무의식중에 소바를 먹고 싶다는 욕망이 샘솟는다. 그자리에서 바로 소바집에 가는 경우도 있으나 어제도 소바를 먹었으니, 오늘은 카레를 먹어야겠다며 소바

먹기를 거부하는 때도 있다. 뒤에서 자세히 설명하겠지만, 무의식에 "거부"의 프로세스가 작용하는 경우가 있다.

식사 메뉴를 정할 때와 같은 사소한 순간뿐만 아니라 진로를 선택하는 것과 같은 인생의 중요한 결정에 있어서도 자신이 지향하는 방향성이 뇌의 판단에 영향을 준다.

바꿔 말하면 자신의 의식이 그려내는 "방향성", "비전"에 따라 선택이 이루어지는 것이다. 방향성과 비전을 전문용어로 "구속조건"이라고 하는데, 이에 기반해 우리는 선택을 내리고 그 선택을 위해 행동한다. 이러면 조금은 이해가 쉬우려나 싶다.

내가 대학에 진학할 때 미국 대학에 진학한다는 선택지가 있었다. 그루 뱅크로프트(Grew-bancroft) 장학금을 받으려면 학교 선생님의 추천서가 필요했는데, 당시 담임선생님은 추천서를 써주지 않았다. 선생님의 의견은 "일본 대학에 먼저 진학한 후에 유학을 가라."는 것이었다.

나는 선생님의 말씀에 따랐다. 바로 유학을 가겠다며 거부하는 선택지도 생각할 수 있었을 텐데, 당시의 나는 아마도 '선생님 말씀처럼 일본 대학에 먼저 진학하고, 나중에 유학을 가는 게 좋을지도 몰라.'라고 생각했을지 모른다.

나의 이 의사결정은 무의식에 의한 것이었다고 생각한다. 당시의 나에게는 아직 해외에 나가겠다는 '강한 의지, 비전'이 없었다. 지금 그 결정을 돌아보면, 이렇게 중대한 결정을 내릴 때 방향성 없이 무의식에 따라 선택했다는 생각이 든다.

또 한 가지 자유의지와 관련해 지적하고 싶은 점은 '의지만 있으면 뭐든 할 수 있다'라는 생각이다. 마치 "의지 스위치"라도 있는 것처럼 이런 말로 의지를 북돋으려는 교사나 부모도 있지만 자유의지 관점에서 보면 "의지 스위치" 같은 건 없다.

또, 드라마나 영화에서 기술 장인의 스승이 "정신 차리고 다시 해!"라고 소리치는 장면을 종종 볼 수 있는데 이 또한 말이 안 된다. 앞서 말했듯 뇌는 물리적 화학작용의 영향을 받기 때문에 정신을 차리라고 한다고 차릴 수 없는 것이다. 뒤에서 자세히 말하겠지만, 목표를 향해 오랜 시간을 보내면서 천천히 뇌의 상태를 바꿀 수는 있지만 하룻밤 만에 바꿀 수는 없다.

상식을 뒤집는 충격적 연구 결과

1980년대 자유의지 모델에 관한 실험을 한 연구자가 있었다.

미국의 신경생리학자 벤저민 리베트(Benjamin Libet)는 이 실험에서 피험자의 뇌에 전기 신호를 측정하는 장치를 부착한 후 손목을 움직이게 해서 뇌의 전기 신호를 측정했다.

상식적으로는 피험자가 손목을 움직이겠다고 생각하면 그제야 뇌에서 "손목을 움직여"라는 전기 신호를 보내고 손목이 움직인다고 생각하기 쉽다.

그러나 막상 실험을 해보니 손목을 움직이겠다고 생각하기 수 초 전부터 뇌의 '준비 전위(ready potential, RP)' 즉, 운동을 준비하는 전기 신호가 발생한 것으로 확인되었다. 손목을 움직이는 행동의 준비운동은 무의식중에 발생하는 일이었던 것이다.

즉, 인간이 의식하기 전부터 뇌가 손목을 움직이라는 전기 신호를 발생시키는 것이었다.

   제2장 나는 내 의지대로 결정하고 있을까?

이 실험에서의 큰 발견은 '의식의 흐름'이었다.

손목을 움직이겠다는 의식이 먼저 있었던 게 아니라, 행동을 한 뒤에, 말하자면 '사후적으로' 자신의 행동을 인식하고 있었다는 것이다. 이 '사후적'이란 말은 매우 중요하다.

뇌는 결정 후에 이유를 만들어낸다

조금 더 구체적으로 의지의 흐름을 살펴보자. 예를 들어 입사 면접을 보는 상황을 상상해보자.

만약 시험 삼아 지원한 회사의 면접일 경우 "지원 동기"를 묻는 말에 대답하기 힘들다. "전부터 이 분야 일을 해보고 싶었습니다."라고 답하기도 어렵다. 이렇게 해서는 합격하기 힘들다.

아마 지원자의 실제 지원 동기는 그 회사의 평판이 좋거나 연봉이 높거나 혹은 회사의 이미지가 좋다는 정보를 입수했기 때문일 것이다. 그러나 면접관에게 설명할 때는 이러한 정보를 머릿속으로 정리해 좀 더 그럴듯한 다른 이야기로 풀어낼 것이다.

나 역시 뇌과학을 연구하게 된 계기에 관해 다른 사람에게 설명할 때 활용하는 몇 가지 스토리가 있다.

하나는 박사과정 마지막 학기인 2월까지 취직이 결정되지 않은 상태였는데, 이화학연구소에 새롭게 '뇌과학 종합연구센터'가 신설된다는 이야기를 듣고 면접에 갔다가 "바로 출근하라"는 답변을 듣고 입사했다는 스토리다. '어쩌다 보니 우연히' 버전이지만, 솔직히는 초대 소장이 이토 마사오(伊藤正男, 일본 소뇌 연구의 선구자-옮긴이)라는 존경할 만한 연구자였던 점이 컸다.

또 한 가지 스토리는 옥스퍼드대학 명예교수 로저 펜로즈(Roger Penrose)가 『황제의 새 마음』이란 인공지능에 관해 쓴 책을 대학원생일 때 읽고 인간의 의식에 관해 흥미를 갖게 되었고 뇌과학을 공부하기로 했다는 버전도 있다.

둘 다 거짓말은 아니지만, 누구에게 말하느냐, 어디서 말하느냐에 따라 조금씩 달라진다.

그냥 그때그때 직감으로 정하기 때문에, 어쩌면 앞으로 내가 말할 때도 미묘하게 바뀔지도 모르겠다.

먼저 선택하고 나중에 이유를 만든다는 걸 보여주는 또 하나의 흥미로운 실험으로 하버드 대학에서 실시한 "선택맹 현상(choice blindness)" 실험이 있다.

먼저 실험 참가자들을 남자와 여자 각각 두 그룹으로 나누어 이성의 사진을 두 장씩 보여준다. 남성에게는 여성의 사진 두 장, 여성에게는 남성의 사진 두 장을 보여주고 "누가 더 매력적인가?"라는 질문을 던져서 둘 중 호감인 쪽을 선택하게 한다.

그런 다음 일단 사진을 뒤집어서 참가자가 호감이라 답한 사람의 사진을 참가자에게 건넨다. 이때 실은 몰래 사진을 바꿔서 참가자가 선택하지 않은 사람의 사진을 건넨다. 가령 B 사진을 호감이라 선택했다면 A 사진을 건네는 식이다.

참가자가 선택하지 않은 사진을 보여주며 "왜 이 사람을 선택하셨나요?"하고 질문한다. 사진이 바뀌었다는 걸 눈치 챈 참가자도 있었지만, 그렇지 않은 사람도 있었다. 흥미로운 건 눈치를 채지 못한 참가자가 선택의 이유를 말한다는 것이다. 그것도 그럴듯하게 말이다. "머릿결이 마음에 들었어요." "표정이 밝아서요." 등.

서양인은 동양인의 얼굴을 구분하기 어렵고 반대로도

마찬가지여서 이런 오차도 본 실험에 참고해 철저하게 계산했을 것이다.

이 실험이 의미하는 바는 인간이 무엇을 선택할 때 이유가 있다고 생각하기 쉽지만, 그렇지 않고 선택 후에 그 이유를 뇌가 사후적으로 만드는 경우가 적지 않음을 밝혀냈다는 점이다.

어쩌면 우리는 나중에 '그럴듯한 이유'를 덧붙여서, 스스로 납득할 수 있는 이야기를 만들어내고 있는지도 모른다.

자유의지는 없어도 '거부할 의지'는 있다

선택맹 현상 실험에서 발견된 또 한 가지 중요한 시사점은 바로 '거부하는 순간'이 존재한다는 것이다.

앞서 소개한 손목을 움직이는 실험에서 뇌가 손목을 움직이려는 준비운동을 하고, 움직인다는 선택을 내려 손목을 움직이는 행동을 발생시키기 바로 직전에, 불과 일 초도 안 되는 사이에 '아니야 이건 위험해.' 또는 '지금 타이밍은 별로야.'처럼 거부하는 프로세스가 존재하는 것이다.

앞에서 내가 식사 메뉴를 결정할 때 어제도 먹었다는 이유로 소바를 먹지 않았다고 얘기했는데, 이런 식으로 거부의 의사를 표시하는 경우가 있다.

철학에서는 자유의지를 일반적으로 'free will'이라고 부르지만, "최후의 거부권을 행사하는 것"이 자유의지의 본질이라는 관점에서는, 자유의지를 'free won't(자유로운 거부권)'라고 부르기도 한다.

자유의지는 없지만 자유로이 거부할 자유는 있다. 이것이 벤저민 리베트 실험의 핵심으로 동시에 자유의지와 관련한 중요한 부분이기도 하다. 즉, 인간은 거부함으로써 자신의 운명을 컨트롤하는 것이다.

예를 들어, 휴일에 친구로부터 "바다에 가자."는 제안을 받았다고 하자. '바다 좋지!'라는 직감이 들었으나 곰곰이 생각해보니 며칠 후에 회사에서 프레젠테이션을 앞두고 있다. 발표 내용을 숙지해두지 않으면 업무를 잘 해내기 힘들 것 같다. 또 일기예보를 보니 오후부터 비가 온다고 하니 위험하다는 판단을 내릴 수 있다.

그래서 '오늘은 바다에 가지 말고 업무 준비를 하는 게 좋겠다.'고 생각해 거절한다.

무의식중에 해야 할 업무를 가늠하거나 날씨를 예측하는 행동은 '메타인지'다.

거부 의지가 범죄를 성립시키는 이유

범죄가 성립하기 위해서는, 피할 수 있는 능력 즉 '거부 의지'가 전제된다.

만약 누군가가 자신의 범죄 행위를 '무의식적으로 했다'라거나 '뇌의 명령에 따른 행동이었다.'라고 주장한다면, 형법에 따라 책임을 묻기 어려울 수 있다. 형사책임은 범행의 동기와 관련이 있으며, 범행 전에 전두엽에서 이루어지는 메타인지(자기 행동을 평가하는 능력)가 중요한 역할을 한다.

예를 들어, 뇌 속에서 '이건 해서는 안 되는 일'이라고 인식했음에도 증오심 등 강한 감정 때문에 살인에 이

 제2장 나는 내 의지대로 결정하고 있을까?

른다면, 그 행위의 동기가 형사책임을 판단하는 근거가 된다.

따라서 리베트 실험에서 확인된 '거부의지'는 범죄 재판에서 매우 중요한 쟁점이라 할 수 있다.

또한, '거부의지'의 존재를 인식하게 되면서 우리는 인간의 행동이 완전히 무의식적이지 않다는 사실에 안도감을 느낀다. 만약 인간이 무의식 속에서 다른 사람을 해칠 수 있는 정체불명의 존재라면, 사회는 불안과 불신으로 가득 찰 것이다.

한편 '채무를 감당하기 어려워 강도 살인을 저질렀다.', '차별적인 대우를 받아서 이성을 잃고 자신도 모르게 살인을 저질렀다.'처럼 범행에는 대체로 동기가 있으며, 그 동기를 이해할 수 있을 때 사회는 재발을 막을 수 있다.

이처럼 자유의지는 평소 우리가 생각하는 감각과 달라 막연하게 믿으라고만 하면 믿기 어려운 면이 있다. 물론 자유의지를 완전히 신뢰하기는 어렵다. 인간은 때로 설명할 수 없는 행동을 하기도 하기 때문이다. 이런 인간의 불가해성을 훌륭히 그려낸 사람이 있다.

영화감독 오즈 야스지로(小津安二郞)이다. 그의 작품 〈도쿄 이야기〉에는 어머니가 위독하다는 소식을 듣고 장남이 특별한 감정 표현 없이 갑자기 정원에 나가 휘파람을 불며 개를 부르는 장면이 나온다.

충격적이고 비통한 감정을 표현해야 한다면 몸을 부들부들 떨거나 눈물을 흘리는 연기를 해야 할 것이다. 하지만 영화 속 장남은 어머니와 휘파람 사이에 어떤 연관성이 있는 것도 아닌데 갑자기 휘파람을 분다.

야스지로의 감독의 〈외아들〉이란 작품도 있다. 시골 마을에 사는 미혼모 오쓰네와 그녀의 외아들 료스케의 이야기를 담은 작품이다.

료스케가 도쿄에서 교사로 일하고 있던 어느 날 옆집에 사는 꼬마가 말에서 떨어져 다치는 모습을 보게 된다. 꼬마의 집은 가난해서 제대로 된 치료를 받을 수 있을지도 확실치 않다. 꼬마의 엄마는 걱정하는데, 함께 있던 누이가 엄마의 치맛자락을 잡고 "엄마, 가는 길에 맛있는 거 사 줘."라고 말한다.

동생의 상처를 걱정하는 누나의 모습을 자연스럽게 떠올리는 사람이라면 이해하기 힘든 장면일지 모른다. 하지만 이 두 장면은 자유의지 관점에서 보면 무의식

중에 선택된 행동이고, 그래서 영화에 더욱 현실감을 부여해줬을 거란 생각도 든다.

반면 TV 드라마에서의 심리 묘사는 예상 가능하거나 형식에 맞춰져 있어 매우 평면적이고 단순한 경향이 짙다. 이런 묘사는 실제 인간 본연의 모습과 차이가 있고, 과학적인 측면에서도 인간의 본질과 괴리가 있는 묘사이다.

틀에 맞춰진 묘사는 보는 이로 하여금 위화감 없이 자연스레 받아들이게 하지만 영화감독과 같은 표현을 업으로 하는 사람은 누구도 그린 적 없었던 독자적인 묘사를 해야만 자유로워질 수 있다. 영화나 문학, 예술 모두 본래 자유로운 분야이므로.

나는 보통의 사람보다 자유롭게 살 작정이다. 이것이 가능한 것은 내 안에 자유의지 모델이 있기 때문이라 생각한다. 앞에서도 언급했듯 내가 뇌과학 관련 학회에서도 소위 주류 학자 그룹에 소속되어 있지 않기 때문이다.

자유의지를 알면 타인에게 휘둘리지 않는다

자유의지를 이해하면 인간관계에서 분노를 느낄 일이 현격히 줄어든다. 물론 지금도 하루에 열 번 정도는 분노를 느낄 일이 생기곤 한다. 그러나 그 감정이 오랫동안 지속되지 않는다.

분노는 이 사람이 왜 이기적으로 행동하는지, 행동의 의도를 곱씹어 나에게 악의가 있어서 그런다고 의심하기 때문에 생긴다. 이러면 생각은 점점 부정적인 방향으로 흘러간다.

그러나 자유의지를 이해하면 타인의 행동을 곱씹는 일이 없어진다. 행동에 의미를 부여하지 않기 때문이다. 마치 날씨와 같은 개념이다. 날씨를 내 마음대로 바꿀 수 없으므로 분노하거나 열을 내봤자 바뀌는 건 없다. 날씨가 바뀌듯 시간이 지나면 비도 내린다. 자연현상이라 생각하면 분노할 일도 없고, 그럴 만한 일을 피하면 그만이다.

비가 그치길 기다리면 되는 것처럼 말이다.

천국과 지옥을 가르는 자유의지

사실 유럽에서는 자유의지를 어릴 때부터 가르친다. 이는 기독교와도 관련이 있다. 기독교에서는 전통적으로 자유의지론이 중요한 주제이다. 단테의 『신곡』은 성경과 함께 유럽인들에게 지대한 영향을 끼친 책인데, 자유의지에 관한 논의가 등장한다.

태초에 우주와 만물을 창조한 전능한 신이 존재한다면, 인간에게 자유의지가 있다는 가정은 논리적으로 어려워 보일 수 있다. 신은 어디에나 존재하며 전능한 존재이므로 우주 만물의 흐름을 관장하고 뜻대로 할 수 있기 때문이다.

더불어 기독교 신학에서는 신이 만물을 창조했음에도 왜 악인이 존재하는지, 왜 인간에게 악을 행할 자유가 주어졌는지에 대한 의문을 다룬다. 어째서 신은 "악은 나쁜 것"이라고 가르치면서도, 인간이 악을 저지르는 것을 허용했는가? 처음부터 악행을 못하게 하면 되지 않았을까?

기독교 전통에서는 인간에게 선한 삶을 선택할 자유뿐 아니라 악한 삶을 선택할 자유도 부여되었다고 본다. 이는 인간을 시험하고 도덕적 책임을 갖게 하기 위한 장치로 이해된다.

따라서 최후의 심판에서 각자의 삶에 따라 천국과 지옥이 결정되며, 이러한 세계관 속에서 자유의지는 핵심적인 주제로 발전하게 된다.

자유의지는 종교적 논의뿐 아니라 학문에서도 중요한 주제로 다루어진다. 서구의 의식과 철학 연구에서 중요한 과제 중 하나가 자유의지이다.

인간에게 자유의지가 존재하는지, 그리고 존재한다면 그 의미가 무엇인지 탐구하는 것이다. 의식 연구의 영역으로 들어가면 이러한 문화적 차이가 뚜렷하게 드러난다.

'파스칼의 내기'라는 유명한 논증이 있다. 철학자이자 수학자인 블레즈 파스칼(Blaise Pascal)이 그의 저서『팡세(Pensées)』에서 제시한 논증으로, 요약하면 이렇다. 신이 실제로 존재하는지 알 수 없으며 천국과 지옥이 존재하는지도 확실하지 않다. 만일 천국과 지옥이 존재하지 않는다면 신을 믿는 쪽이든 안 믿는 쪽이든 득실이 크지 않다. 그러나 아주 낮은 확률이라도 천국과 지옥이 존재할 가능성이 있다면 살면서 악행을 저지를 경우 영원한 지옥에 떨어지게 되므로 선하게 사는 것이 이성적으로 이익이라는 논리이다. 이는 기독교 세계관의 이론적 토대가 되었다.

자유의지에 관해 해부학자 요로 다케시(養老孟司)와 이야기를 나눈 적 있다.

"모기 씨, 세상만사 결국 어떻게든 흘러가지 않겠어요?"

『고사기』 이후 일본 고유의 '자연관'과 '운명관'과 맞닿아 있는 생각이다. 분명 그럴지도 모르지만, 개인적 차원에서 보면 결국 뜻대로 되지 않는 사람도 있을 것이다.

그럼 어떻게 해야 할까? 그 힌트를 다음에서 찾아보자.

뇌는 생각보다 쉽게 착각에 빠진다

사실 자유의지는 후천적으로 발달시킬 수 있다.

발달시키는 방법은 뒤에서 더 자세히 살펴보고, 어째서 자유의지를 발달시켜야 하는지에 대해 먼저 살펴보자. 뇌는 생각보다 쉽게 잘못된 판단을 내린다.

인간은 합리적인 판단을 내리려고 하지만 다른 사람이 보기에는 "왜 저런 결정을 했지?"라는 생각이 들 정도로 어리석은 판단을 내리기도 한다. 그 정도로 우리 뇌는 쉽게 오류를 범한다.

'몬티 홀 문제(Monty Hall problem)'라는 사고 실험에 대해 들어보았는가?

예전에 미국에서 방영된 〈렛츠 메이크 어 딜(Let's Make a Deal)〉이란 퀴즈쇼가 있는데, 이 프로그램의 사회자 이름이 몬티 홀이었다. 몬티 홀 문제는 20세기 최고의 수학자조차 오답을 말해 화제가 되었다.

실제 문제의 내용은 이렇다.

참가자 앞에 세 개의 문이 있다.

그중 하나 뒤에는 신형 자동차가 있고, 나머지 두 개의 문 뒤에는 염소가 기다리고 있다. 참가자는 셋 중 하나의 문을 열어 자동차가 있으면 경품으로 받게 된다.

먼저 참가자가 한 개의 문을 선택한다. 편의상 이 문을 A라 하자. 문은 아직 열리지 않았다. 열기 전에 사회자가 분위기를 띄우기 위해 나머지 두 개의 문 중 하나를 선택해 연다. 문을 열자, 뒤에 염소가 있다. 꽝이었다. 사회자의 센스가 상당하다.

이때 사회자가 참가자에게 질문한다.

"자, 아까 고른 문을 바꿀 기회를 드리겠습니다. 바꾸시겠습니까? 아니면 선택을 고수하시겠습니까?"

바꿔야 할까, 바꾸지 말아야 할까.

여러분이라면 어떻게 하겠는가?

20세기 최고의 수학자도 빠진 뇌의 함정

이 경우 인간은 두 가지 생각을 한다.

하나는 괜히 바꿨다가 꽝이 나오면 안 되니 바꾸지 않는다.

다른 하나는 확률이다. 두 개의 문 중 한쪽을 선택하는 경우 확률은 2분의 1.

대부분 이렇게 생각할 것이다.

하지만 실은 여기에 함정이 있다.

이 함정을 가장 먼저 지적한 사람이 바로 칼럼니스트 메릴린 보스 사반트(Marilyn vos Savant)였다. 그녀는 세계에서 가장 높은 IQ의 소유자로 기네스북에 오른 적이 있을 만큼 뛰어난 논리력을 지닌 인물이다.

메릴린의 결론은 다음과 같았다.

참가자가 처음 선택한 A 뒤에 차가 있을 확률은 3분의 1, 반면 남은 B 뒤에 있을 확률은 3분의 2이므로 선택을 바꾸는 편이 확률적으로 더 유리하다는 것이다.

이 칼럼이 발표되자 수많은 수학자가 반박 편지를 보냈다. 그중에는 "20세기 최고의 수학자"라 불리는 알렉산더 그로탄딕(Alexander Grothendieck)도 있었다.

사람들이 이 문제에 속는 이유는 몬티 홀이 게임의 정답을 미리 알고 있고, 항상 염소가 있는 문을 연다는 규칙을 간과하기 때문이다.

이 전제를 고려하면 논리는 이렇게 된다. 처음 참가자가 A를 선택했을 때, 그 문에 차가 있을 확률은 3분의 1이다. 이후 몬티 홀이 염소가 있는 문 하나를 연다. 이때 상황이 바뀐다.

만약 참가자가 처음에 차가 있는 문을 골랐다면 선택을 바꾸면 오히려 꽝을 고르게 된다. 하지만 참가자가 처음에 염소가 있는 문을 골랐다면, 선택을 바꾸면 차가 있는 문을 고르게 된다.

이 원리를 확인하기 위해 다시 한 번 문과 자동차, 염소의 위치를 섞어 게임을 처음부터 반복한다고 가정해보자. 이번에는 참가자가 B를 선택했고, 그 문이 염소였다면 선택을 바꾸면 "당첨"이 된다.

즉, 처음에 염소가 있는 문을 선택한 경우에는 선택을 바꾸면 차가 있는 문을 선택하게 되고, 반대로 처음에 차가 있는 문을 선택했다면 바꾸는 순간 꽝이 된다.

세 개의 문 중 염소가 있는 문은 두 개이므로 처음에 염소를 선택할 확률은 3분의 2이다. 따라서 선택을 바꾸면 3분의 2의 확률로 차를 얻을 수 있다. 즉, 선택을 바꾸지 않으면 3분의 1의 확률밖에 되지 않는다. 결국, 메릴린의 지적대로 선택을 바꾸는 것이 당첨 확률을 두

배로 높이는 합리적인 선택이다.

한번 내린 결정을 바꾸기 싫어하는 인간의 심리

그런데도 이해하지 못하겠다는 사람을 위해 하나 더 문제를 준비했다.

백 장의 카드가 있다. 카드는 전부 뒤집어져 있고, 당첨 카드는 한 장뿐이다.

먼저 참가자에게 카드 한 장을 선택하게 한다.

그 후 출제자가 98장의 당첨이 아닌 카드를 뒤집어 보여준다.

몬티 홀 실험에서처럼 참가자에게는 "카드를 바꿀 기회"가 주어진다.

자, 당신은 카드를 바꾸겠는가?

몬티 홀 실험에서는 선택지가 세 개였고, 이번에는 백 개로 늘었지만 원리는 같다.

처음에 백 장의 카드 중에 한 장의 당첨 카드를 뽑을 확률은 100분의 1이다. 여기까지는 이해가 될 것이다. 매우 낮은 확률이다.

그러나 사회자가 98장의 당첨이 아닌 카드를 뒤집고 남겨둔 한 장과 당신이 고른 카드의 당첨 확률이 같다고 볼 수 없다. 사회자가 남겨둔 한 장은 98장의 카드가 뒤집힐 때까지 살아남은 당첨일 확률이 있는 카드인 것이다.

즉 바꾸지 않으면 원래 100분의 1의 당첨 확률, 바꾸면 100분의 99의 확률이 된다.

백 장의 카드에서 한 장의 당첨 카드를 뽑는 문제의 개념을 빌리면 세 개의 문으로 출제된 몬티 홀 문제에서도 사회자가 두 개의 문 중 하나를 열었을 때 꽝인지 아닌지 아직 밝혀지지 않은 남겨진 한 개의 문에는 3분의 2의 당첨 확률이 적용되는 것이다.

이제 조금 이해가 되었는가?

아직 확실하게 이해가 되지 않았다면 그림을 그려 가며 몇 번 해보면 이해가 갈 것이다.

그런데 메릴린의 지적을 여전히 납득하지 못한 사람들로 이 문제에 대한 논쟁이 한동안 이어졌으나 몬테카를로법(Monte Carlo method)을 이용해 컴퓨터로 시뮬레이션을 돌려 본 결과 메릴린의 결론이 맞았다는 사실이 검증되었다.

그렇다고 해도 이는 인간의 직감과는 괴리가 있다. 몬티 홀이 연 문 뒤에 염소가 있다고 해서 참가자가 기존의 선택을 바꾸는 것이 유리하다는 게 아무래도 납득이 안 가는 것이다. 신경 활동의 작용과 이론적인 확률 사이에 괴리가 발생하기 때문이다.

또 하나 몬티 홀 문제로 드러난 사실은 인간은 한번 선택한 결정을 번복하기 싫어한다는 점이다. 상황이 바뀌었다고 해서 처음 했던 선택을 쉽게 바꾸지 않는다.

그래도 인간은 상황이 바뀌면 완전히 무시하진 않고 주변 환경과 조건을 관찰하며 가능한 최선의 결정을 내리려 한다. 농구에서 피벗을 돌리며 적절한 패스 상대를 찾는 것과 유사하다. 뒤에서 이에 관해 더 자세히 살펴보겠다.

인간은 얼마나 비합리적인가

뇌의 판단 오류와 관련해서 잘 알려진 문제가 또 있다. 예를 들어 미국의 대통령이 싱글맘의 자립을 지원하는 조성금을 마련한다고 가정할 때, 어떤 정책을 펼 확률이 높은지에 관한 문제이다.

1. 싱글맘에 대한 지원금을 조성하고 주 정부에 대한 지원금을 감축할 확률
2. 싱글맘에 대한 지원금을 조성할 확률

둘 중 확률이 높은 쪽은 어디일까?

정답은 2번이다.

아마 1번을 고른 사람이 많았을 것이다. 실제 설문에서도 1번을 고른 사람이 2번을 고른 사람보다 많았다.

그런데 어째서 2번이 정답일까?

앞서 '싱글맘에 대한 지원금을 조성한다.'라는 보기를 A라 하자. 또, '주 정부에 대한 지원금을 감축한다.'라

제2장 나는 내 의지대로 결정하고 있을까?

는 보기를 B라 하겠다.

확률론적 관점에서 보면 A와 B가 동시에 성립할 확률과 A 단독으로 성립할 확률 중 어디가 높을까?

아무리 생각해도 답은 A 단독으로 성립할 때가 합리적인 것처럼 보인다.

왜 이 문제에는 오답이 많았을까?

노벨 경제학상을 수상한 대니얼 카너먼(Daniel Kahneman)은 행복과 의사결정에 관한 설문을 통해 인간이 지원금 배분 정책에서 재원을 고려한다는 사실을 확인했다. 그래서 사람들이 1번을 고른다고 지적했다.

미시적 관점에서 보면 합리적인 것처럼 보이나 거시적 관점에서 보면 비합리적인 결과를 도출한다. 이를 합성의 오류(the fallacy of composition)라고 한다. 이는 인간이 얼마나 비합리적으로 생각하고 판단하는지를 보여주는 유명한 사례이다.

인간은 하루에 3만 5천 번 정도의 결정을 내린다고 알려져 있는데 사회적 지위에 따라 중요한 결정을 내려야 하는 경우도 있다. 생성형 AI를 활용해 판단의 정확도를 높일 수 있는 세상이 되었지만, 최종적으로는 인간이 판단을 내려야 한다. AI가 선택지를 제시해줄 수는 있지만 언제나 최종 판단은 인간의 몫이다.

선택지가 많을수록 판단은 더 엉망이 된다

일상 속 사소한 결정까지 포함하면 요즘은 예전보다 선택과 판단을 해야 하는 상황이 늘어난 듯한 기분이 든다.

'초이스 오버로드(Choice Overload)'란 말이 있다. 일찍이 앨빈 토플러(Alvin Toffler)는 그의 저서 『제3의 물결』을 통해 이렇게 말했다.

"선택지가 너무 많으면 선택의 만족도는 떨어진다."

"옵션이 너무 많으면 오히려 선택을 내리지 못한다."

마트에서 선택지가 세 개나 다섯 개 정도일 땐 물건을 선택하는 행위가 즐거움으로 다가오지만, 선택지가 삼백 개나 오백 개로 늘어나면 선택에 '질려서' 선택을 오히려 회피한다는 것이다.

넷플릭스 같은 구독형 서비스를 떠올려 보라. 수많은

콘텐츠가 즐비하지만, 그중에서 뭘 볼지 선택하기란 쉽지 않다. 토플러의 말처럼 선택의 만족도가 떨어지는 것이다. 그래서 넷플릭스는 각 사용자의 시청 이력을 분석해 취향을 저격할 콘텐츠를 추천해준다.

넷플릭스의 공동 창업자인 리드 헤이스팅스(Reed Hastings)가 TED에서 한 강연 내용 중 흥미로운 부분이 있다.

여러 시행착오를 겪으면서 콘텐츠를 추천할 때 연령과 성별을 고려할 필요가 없다는 사실을 발견했다는 것이다. 그보다 개인의 개성과 과거 시청 이력을 기반으로 영상을 추천하는 것이 더 주효했다는 내용이다.

의사결정이나 선택은 연구 분야에서 뜨거운 감자로 떠오르고 있는데 초이스 오버로드 외에도 '디시전 파티그(Decision Fatigue, 의사결정 피로)'라는 흥미로운 개념도 존재한다. "의사결정 피로"라고도 한다.

애플의 창업자 스티브 잡스가 왜 매일 같은 브랜드, 같은 색상의 옷만 입었는지 아는가? 매일 수없이 많은 결정을 내려야 하는 결정권자는 사업상 판단을 내리느라 뇌를 혹사하므로 오늘 무슨 옷을 입을지, 점심 메뉴는 무엇으로 할지와 같은 사소한 결정에까지 머리를 쓰고 싶지 않기 때문이다.

즉 의사결정의 피로를 줄여 중요한 선택을 할 때 최상의 선택을 하고자 하는 것이다.

이번 장에서는 뇌의 특징을 바탕으로 선택에 관해 알아보았다. 그렇다면 의사결정의 정확도를 높이기 위해 어떻게 해야 하는지, 다음 장에서 이야기해보자.

자유의지는 뇌가 만든 최강의 마법

앞서 벤저민 리베트의 실험에서 우리가 손목을 움직일 때 움직이고 나서 '사후적'으로 인식한다고 말했다. 이는 자유의지를 이야기할 때 매우 본질적인 부분이므로 여기서 짚고 넘어가자.

인간은 아침에 일어나 밤에 잠들 때까지의 모든 행동이 본인이 의식해서 한 행동이라 생각한다. 자유의지가 없음에도 불구하고 말이다. 이 이유를 명쾌하게 비유한 철학자가 있는데 바로 대니얼 데닛(Daniel Clement

Dennett)이다.

"자유의지는 우리 몸이 호흡하거나 소화하는 것처럼, 복잡한 진화 과정을 통해 자연스럽게 생겨난 능력이다."

실로 정확한 표현이다. 정말 그만큼 너무 자연스럽게 받아들여지기 때문이다. 자유의지처럼 자연스럽게 생겨난 능력은 원래는 없음에도 대부분의 사람이 있다고 믿는다. 사기꾼도 울고 갈 교묘함이다. 이것이 '사후적' 인식이다.

하버드 대학교에서 자유의지를 연구한 다니엘 웨그너(Daniel M. Wegner)는 매우 흥미로운 논문을 발표했다.

"자유의지는 뇌가 만들어낸 환상이다."

이 또한 아주 정확한 표현인데 바꿔 말하면 우리가 스스로 결정한다고 믿는 건 "환상"에 지나지 않는다는 말이다. 사후적인 의미 부여나 거부 의지가 절묘하게 어우러져 스스로 모든 걸 결정했다고 믿게 만드는 것이라 할 수 있다.

환상에 해당하는 것 중에는 우리가 사용하는 동전과 지폐 같은 화폐도 포함된다. 다 같이 "이를 화폐라 하자"는 환상을 공유했을 뿐 사실 그저 금속과 종이일 뿐이다.

나는 다양한 활동을 한다. 뇌과학 연구, 소니컴퓨터사이언스연구소 선임연구원으로 일하고 있을 뿐 아니라 대학에서 연구, 강의, 대학원생 지도를 맡고 있으며, 강연을 다니거나 TV와 라디오 등 미디어에 노출되고, 책과 신문에 글을 쓰거나 구독자는 몇 없지만 나름 유튜버로 꽤 자주 영상을 올리고 X에도 자주 피드를 업로드한다. 또, 3년 전부터는 야쿠시마 오조라 고등학교라는 통신제 고등학교의 교장을 맡고 있다. 졸업 시즌이 되면 정장을 갖춰 입고 졸업장을 학생들에게 건네며 훈시를 한다.

언뜻 보면 별 관련이 없어 보이지만 이런 활동을 하면서 내가 중요하게 생각하는 게 두 가지 있다. 바로 "인간을 자유롭게 하는 일일 것" 그리고 "개성을 중시하는 일일 것"이다.

다만 업무 의뢰가 와서 할지 말지 결정해야 할 때 이 두 가지 행동 원칙에 맞아떨어지는지를 엄격하게 따지지는 않는다. 문득 내가 지금까지 해 온 일들을 돌아봤을 때 공통으로 나타나는 특징이 바로 이 두 가지이다. 마치 내가 해온 일 위에 모래를 뿌리면 "인간의 자유를 중요하게"와 "개성을 중요하게"라는 글자가 뚜렷해지는 이미지이다. 앞서 말한 "구속조건"과 겹치는 부분이 있다.

그렇지만 이 또한 사후적인 인식이다. 이 사후적 인식이 환상이 되고 이것이 내 의사결정의 축, 나아가 나를 지탱하는 축이 된다. 이것이 그 사람의 정체성이 되는 것이다.

이 모든 게 환상이라니 실망한 사람도 있을지 모른다. 그러나 환상이다.

좋은 환상을 만들어 그 환상을 긍정적으로 활용하면 나를 키우는 자양분으로 만들 수 있다. 뇌를 최적의 상태로 유지해 좋은 미래를 선택할 수 있게 해주는 것이다. 뇌에 좋은 환상을 심어줌으로써 뇌는 내가 바라는 방향에 맞는 의사결정을 내릴 수 있게 된다. '이거 아니면 안 돼'와 같은 속박에서 벗어나 조금 더 인생을 유연하게 보도록 만들어 준다.

나만의 환상을 뇌에 심어 나만의 세계를 구축해 가자. 그러면 지금보다 훨씬 즐거운 인생을 살 수 있을 것이다. 잘 이해가 가지 않는 사람은 일단은 이런 뇌의 특징을 알고 활용한다고 생각하면 된다. 중요한 건 뇌를 좋은 상태로 만든다는 것이다. 밭에 있는 채소에 비료를 주고, 잡초를 뽑아 소중하게 가꾸듯이 말이다. 그렇게 하면 자유의지를 컨트롤할 수 있다.

앞으로도 '자유의지'라는 말이 몇 번 등장할 텐데 '환상으로서의 자유의지'를 전제로 하고 있음을 기억하며 읽어주길 바란다.

제3장

현명한 의사결정을 위해 필요한 것들

자유의지를 생각할 때 이런 개인사가 매우 중요한
부분을 차지하는데, 왜냐하면 어느 날 갑자기 큰 성공을
거두는 경우는 없기 때문이다. 스스로 경험과 지식을
축적하고 기술을 습득하는 인고의 시간이 꼭 필요하다.
이런 시간을 겪으며 뇌의 의사결정을 내리는 기준이
조금씩 단련되기 때문이다.

인생의 격차는 사소한 결정에서 시작된다

그렇다면 어떻게 해야 좋은 환상을 만들어 뇌를 가꾸고 자유의지를 올바른 방향으로 컨트롤할 수 있을까?

젊은 사람들과 이야기를 해보면 종종 "호리에몬처럼 되고 싶어요."라는 말을 하곤 한다. 걱정되는 건 과연 이들이 호리에 다카후미 씨가 지금처럼 유명해지기까지 어떤 노력을 했는지 아는가이다.

호리에 씨는 고등학교 2학년 때 성적이 뒤에서 꼽는 게 빠를 정도로 전교에서 하위권을 차지했다고 한다. 당시 컴퓨터에 완전히 빠져 있었기 때문이다. 초창기 프로그래밍 언어 '베이식(BASIC)'을 마스터해 복잡한 프로그램을 만드는 수준까지 빠져 있어 학교 공부에는 소홀할 수밖에 없었을 것이다.

그러나 마음을 다잡고 공부에 전념해 도쿄대 인문사회계열 제3류에 입학한다. 그러나 막상 대학에 들어가고 보니 공부보다 사업에 관심이 커져 '온더엣지(현재의 라이브도어Livedoor −옮긴이)'라는 회사를 설립하고 대학을 중퇴한다.

호리에 씨는 회사를 경영하며 불필요한 회의를 없애고 메일을 통한 빠른 결정을 중시하는 커뮤니케이션 문화를 만들었다. 이는 그 후에 설립한 라이브도어의 발판이 되기도 했다.

그의 삶을 이렇게 축약해서 보면 대학을 중퇴하고 창업을 하기로 결정한 것이 매우 대담해 보일 수 있다. 그러나 정작 본인에게는 '오늘 점심에는 스파게티를 먹을까 라멘을 먹을까'와 같이 사소한 결정이 차곡차곡 쌓인 결과일 뿐이었다. 그동안 수많은 사람과 만나고 성공뿐 아니라 나름대로 실패한 경험들이 차곡차곡 쌓여 의사결정을 위한 이정표가 늘어 갔다.

호리에 씨와 같은 고등학교 선배인 소프트뱅크 손정의 회장 또한 경영을 하며 위기 상황을 수없이 넘겼다.

그는 고등학교 1학년 때 에도 막부 말기의 개혁적 지사 사카모토 료마의 일대기를 그린 『료마가 간다』를 읽고 감명받아 영지를 떠난 료마처럼 더 큰 세계로 나가고자 미국 단기 유학길에 올랐다. 이 경험을 바탕으로 고등학교를 중퇴하고 다시 미국으로 건너가 캘리포니아 버클리 고등학교 경제학부에 편입했다. 재학 중 샤프

(Sharp Corporation)에 자동번역기 프로토타입을 제안해 판매에 성공했다. 샤프는 약 1억 엔(당시 약 10만 달러 상당)에 기술을 매입했고, 이때 받은 돈으로 미국에서 소프트웨어 개발 회사를 설립해 일본에서 인베이더 게임을 수입해 와 판매하기도 했다.

손정의 회장의 초창기 모습을 살펴보면 『료마가 간다』에서 크게 영향을 받은 듯 보이지만, 사실 그게 다는 아니다. 그가 어린 시절 겪은 가난의 경험이 있었고 그걸 벗어나고 싶은 욕망에 책은 하나의 동력이 되었을 것이다.

일론 머스크도 가혹한 유년 시절을 보냈다. 아버지의 폭력에 시달렸고, 부모님이 이혼해 삼형제가 어머니를 따라갔으나 모델 일을 하던 어머니의 수입만으론 생계가 어려워 좁은 아파트에서 매일 땅콩버터 샌드위치와 두부 수프로 버텼다고 한다. 컴퓨터를 좋아했던 머스크는 열두 살에 '블라스터(Blastar)'라는 게임을 개발하는 등 프로그래밍에 몰두했고, 더 큰 세계에서 공부하고 싶어 태어나서 자란 남아프리카공화국을 떠나 어머니의 고향인 캐나다에 가게 된다.

그 후 창업의 길이 순탄하기만 했던 것은 아니다. 스페이스X나 테슬라가 지금은 혁신 기업의 상징으로 꼽히지만, 한때 파산 직전에 이르러 일론 머스크가 돈을 빌리러 다녔던 시절도 있다. 지금의 모습만 본다면 비참하고 가혹한 시절의 그가 잘 상상이 가지 않을 것이다. 가혹한 환경을 어떻게 받아들이는지는 저마다 다르지만 일론 머스크에게는 그 경험이 그의 인생에 긍정적인 영향으로 작용했다고 볼 수 있다.

즉, 룩 어라운드 유(Look around you). 자신의 주변, 자신이 걸어온 길을 돌아보며 '인생을 헤쳐 나가는' 작업은 매우 중요하다.

여담인데, 내 지인 중 도쿄대학 이케가미 다카시 교수는 초등학교 5학년 때 너무 산만해서 선생님으로부터 의자를 뒤로 돌려 친구들을 보고 앉으라는 벌을 받을 정도였다고 한다. 지금도 그는 여전히 교수들 중 독특한 캐릭터로 통하는데, 이런 어린 시절의 경험이 지금의 성격에도 어느 정도 영향을 주었으리라 생각한다.

자유의지를 생각할 때 이런 개인사가 매우 중요한 부분을 차지하는데, 왜냐하면 어느 날 갑자기 큰 성공을 거두는 경우는 없기 때문이다. 자유의지를 단련하기 위해 스스로 경험과 지식을 축적하고 기술을 습득하는 인고의 시간이 꼭 필요하다. 이런 시간을 겪으며 뇌의 의사결정을 내리는 기준이 조금씩 단련되기 때문이다. 자연에는 중간 생략 기능이 없다. 나무가 한 살 한 살 먹으며 나이테를 늘려 가는 것처럼 인간의 뇌도 중간 과정을 생략하는 기능이 없으며 연속적으로 변화한다. 그러면서 뇌 안에 의사결정 기준도 조금씩 단련된다. 사소한 선택과 결단이 축적되어 훗날 더 큰 선택과 중대한 결단을 더 현명하게 내리도록 도와준다. 나는 그렇다고 생각한다. 그러니 창업을 꿈꾸는 사람은 가능하면 빨리 실패의 경험을 맛보길 바란다. 실패는 귀중한 경험이다.

일상의 평등성

또 한 가지 사례를 추가하자면, 오픈에이아이의 공동 창업자로 챗지피티 개발의 중추적인 역할을 한 인물 중 한 명인 일리야 수츠케버의 이야기이다. 세기의 천재가 하룻밤에 무에서 유를 창조했고, 심지어 세상을 뒤흔들 기술을 개발했다고 생각할지도 모르지만, 사실 수츠케버가 열다섯 살 때 러시아에서 캐나다로 유학길에 올랐을 때 이미 역사는 이뤄졌다.

토론토대학에서의 우연한 만남은 그의 인생 전반을 바꿔 놓았다. "인공지능의 아버지"라 불리는 제프리 힌튼 교수의 연구실에 들어간 것이다. 힌튼은 딥러닝 연구에 몰두하고 있었고 마침 수츠케버를 만나면서 둘은 함께 딥러닝 연구에 매진했다.

세상도 이들의 편이었다. 컴퓨터 처리 성능이 눈부시게 발전했고, 비디오 게임 등에 들어가는 GPU칩이 대량 생산되었다. 그뿐만 아니라 인터넷 상의 수많은 정보를 데이터화할 수 있는 기술 개발과 2017년 구글의 트랜스포머(Google Transformer) 아키텍처 개발에 이르기까지 다양한 기술 발전이 이루어졌다.

이런 의도치 않은 환경 변화 또한 힌튼과 수츠케버 연구팀에게는 행운으로 작용했다. 물론 그들의 부단한 노력과 천부적인 재능의 몫도 컸겠지만 그들은 각 단계에서의 결정을 차곡차곡 축적해 나갔다.

그렇다고 수츠케버 연구팀의 일상이 특별했던 것은 아

니다. 그들도 우리와 같은 24시간을 살았다. 하지만 그들은 다양한 경험을 거치며 현재 본인들이 처한 상황을 판단하고, 어떤 사람과 만나야 하고 지금 해야 할 일이 무엇인지를 상당히 정확하고 객관적으로 파악할 수 있었던 것이다. 그 결과 긍정적인 의미로 자유의지를 통제할 수 있게 되지 않았을까.

모든 이에게 하루는 공평하게 주어진다. 그 시간을 어떻게 보내느냐가 우리 인생을 결정짓는다.

욕망을 보면 그 사람이 보인다

"욕망"은 자유의지를 단련하는 데 매우 중요한 요소이므로 여기서 자세히 다루고 넘어가자.

"욕망은 그 사람을 비추는 거울이다."

이는 지금껏 다양한 사람들에게 질문을 던져 얻은 결론이다. 욕망은 인간의 삶에 지대한 영향을 미친다. 이는 뇌과학적 관점에서 봐도 일리가 있다. 왜냐하면 욕망은 뇌의 상태를 바꿔 행동 변화를 일으키고 사람의 인상까지 바꿀 수 있기 때문이다. 그리고 이러한 영향은 분명하게 그 사람의 미래를 바꾼다.

욕망이 본능 혹은 직감에 의한 것이라 생각할지 모르지만 내가 말하고자 하는 욕망은 이런 종류의 욕망이 아니다. 좀 더 인간 내면 깊은 곳에 자리한 욕구에 관한 이야기이다.

스시 장인으로도 잘 알려진 '스키야바시 지로'의 창업

자 오노 지로(小野二郎)를 아는가? 2014년 미국의 버락 오바마 대통령이 일본을 방문했을 때 아베 신조 전 총리가 만찬을 대접했던 곳이다.

오노 지로는 스시를 향한 깊은 애정으로 항상 스시의 새로운 경지를 추구하는 인물이기도 하다. 예전에는 연어알을 일반적인 에도마에 스시점(도쿄 전통 방식의 스시 - 옮긴이)에서는 취급하지 않았으나 오노 지로는 이를 적극적으로 활용했다. 이제 아흔을 넘긴 나이지만 아직도 현장에서 어떻게 하면 더 높은 경지의 스시를 만들 수 있을지 끊임없이 고민한다.

이익 창출도 물론 중요하지만, 오노 지로는 굳이 따지면 최상의 스시를 만들어 고객에게 만족을 선사하는 데서 기쁨을 얻는 사람이 아닐까 싶다.

욕망에 관해 이야기할 때 배놓을 수 없는 인물이 있다. 장기 기사 하부 요시하루(羽生善治)이다. 용왕전, 명인전, 왕위전, 왕좌(王座)전, 기왕전, 왕좌(王將)전, 기성전 7대 타이틀을 거머쥐고 여기에 영세 자격을 달성하며 장기 역사상 최초로 영세 7관의 영예를 거머쥐었다. 지금은 후지이 소타가 8관을 달성해 예전만큼의 명성은 아니지만 하부 요시하루가 지닌 욕망을 알면 후지이 소타의 8관은 그저 장기 기술에 능한 기사의 업적이란 생각이 들 것이다.

사실 하부 요시하루는 동서고금을 막론하고 "장기"에 관한 모든 것을 탐미했다. 오늘날 우리가 아는 근대 장기가 도입되기 전의 군인 장기는 물론 장기의 시초로 알려진 인도 "장기", 체스를 비롯한 보드게임 등에 이르기까지 섭렵했다. 이 과정에서 장기 기술뿐 아니라 장기 자체를 탐구했다.

단순히 장기 기술을 익히기보다 "장기" 자체에 대해 탐구했던 하부 요시하루의 욕망은 깊은 경지에 달해 있었음을 알 수 있다.

새로운 세계로 나아가기 위한 애정과 확장

최근 스타트업 관계자들 사이에서 "스케일을 확장하다"라는 말이 심심찮게 들린다. 사업 규모를 확장한다는 의미이다.

일례로 나는 샤인머스캣을 정말 좋아한다. 무엇보다 맛있다. 과장을 좀 보태서 과일 자체의 개념을 바꿔놓았을 정도이다. 지금은 중국이나 한국에서도 재배되고 있어 그 시장 확장성에도 놀라곤 한다.

샤인머스캣은 어떻게 이만큼이나 시장을 확장할 수 있었을까? 여기에는 지금까지와는 다른 포도 품종을 만들겠다는 인간의 욕망, 오로지 이상적인 과일의 맛을 추구하는 강한 욕망이 자리하고 있다.

스시는 현재 세계 각지로 시장을 확장하며 전 세계인의 사랑을 받고 있다. 이는 일종의 '스케일 확장'이라고 할 수 있다. 기존의 카운터형 매장이 아닌, 회전 스시와 같은 새로운 형태의 매장들이 등장했으며, 재료에 있어서도 다양한 종류의 생선뿐만 아니라, 콘과 같은 새로운 식재료를 올리는 방식이 도입되었다. 오노 지로 장인처럼 스시에 대한 깊은 애정과 탐구를 즐기는 이가 있는가 하면 다양한 시도로 횡적 확장을 이루는 이도 있다.

"스케일"은 "애정"과 "확장" 두 가지 조건이 갖춰졌을 때 비로소 실현됨을 알 수 있다.

미야자키 하야오 감독의 지브리 작품도 이 두 가지 조건을 충족하고 있다. 일본뿐 아니라 전 세계적으로 팬을 보유하고 있는데, 그 이유는 여러 가지가 있겠지만 개인적으로는 아이들의 성장을 그릴 때 '넓고 깊은 사랑'을 담아내기 때문이라고 생각한다. 단순히 부모가 자녀를 '귀여워한다'라는 좁은 의미의 사랑과 달리, 미야자키 작품 속 사랑은 훨씬 폭넓고 포괄적이라는 느낌을 받았다.

오노 지로, 하부 요시하루, 미야자키 하야오 이 세 사람의 공통점은 '자신이 이루고자 하는 목표를 정확히 메타인지 하는 능력'이라고 생각한다. 메타인지에 대해서는 뒤에서 자세히 다루겠지만, 이들은 넓은 시야와 정확한 판단력으로 자신이 놓인 위치를 명확히 파악하고, 자기 일을 어떻게 확장해나갈 수 있을지 그 방향을 발견했다. 그 과정에서 각자가 집중하는 대상에 "무한한" 재미와 매력을 느끼지 않았을까. 이를 깨달으면 인간의 욕망은 좀 더 깊은 차원으로 발전한다.

그 무한의 세계를 깨달으면 현재 자신에게 부족한 점이 무엇인지, 더 높은 차원으로 나아가는 데 필요한 것

    제3장 현명한 의사결정을 위해 필요한 것들

이 무엇인지 알 수 있기 때문이다. 그러면 지금 눈앞에 놓인 목표를 향해 고도의 집중력을 발휘하게 된다. 일상은 바빠지고, 시간이 가는 게 아까울 정도로 일 자체에 빠져들게 될 것이다.

물론 인생 전부를 걸어도 평생 이룰 수 없는 목표도 있겠지만 말이다.

길은 욕망의 전시장

어찌 됐든 인생을 걸고도 이루지 못할 만큼 원대한 세상을 발견해 그 목표를 향해 조금이라도 가까워지려는 욕망이 거대한 힘으로 전환되는 것이 가장 바람직한 모습이라고 생각한다.

욕망은 뇌의 성장, 자유의지를 조절하는 능력뿐 아니라 5년, 10년 후에는 본인의 주변 나아가 세상까지 바꿀 수 있는 힘이 될 잠재력을 지니고 있다.

이해를 돕기 위해 앞에서 말한 교육 관련 강연에서 내

게 질문을 던진 어머니의 예를 생각해보자. 아이를 명문고에 입학시키려는 욕망을 가진 부모가 많아서 그런지 일본의 전철역 앞에는 입시학원이 줄지어 늘어서 있다. 만약 부모가 등수가 아니라 다른 무언가에 집착했다면 입시학원 대신 다른 풍경이 역 앞을 채웠을 것이다.

길은 인간의 뇌, 욕망의 반영이기도 하다. 반대로 말하면 길거리를 보면 사람들이 지금 무엇을 욕망하고 있는지 그 방향성을 알 수 있다.

그래픽 디자이너 하라 켄야(原研哉, 무인양품 아트 디렉터)는 "욕망의 에듀케이션(education of desire)"이란 표현을 사용하며 일본의 디자인은 끝났다고 말했다. 가령 일본 자동차의 디자인을 보면 페라리와 비교해 너무 식상한데, 그 이유에 대해 일본인의 욕망이 거기까지 미치지 못하기 때문이라고 설명한다. 하라 켄야는 일본은 디자인에 향한 욕망을 더 세련되고 깊이 있게 갈고 닦아야 한다고 생각했다.

경험을 바탕으로 만들어진 파라미터

현명한 의사결정을 하는 데 있어 중요한 것이 바로 메타인지이다. 메타인지는 본인이 쌓아온 다양한 경험을 바탕으로 만들어진 파라미터로 적확한 판단을 내릴 때 필요한 능력이다.

탁월한 메타인지의 보유자 하면 바로 떠오르는 사람이 일론 머스크이다. 사업가의 평가는 그 사람이 무엇에 투자하느냐에 따라 갈린다고 하는데, 일론 머스크가 "하늘을 나는 자동차"가 실현 가능하냐는 질문을 들었을 때 보인 반응이 인상적이었다.

TED에서 한 이야기였던 걸로 기억한다. 당시 나도 현장에 있었는데, 일론 머스크는 질문을 듣고 즉시 "현실적이지 않다."라고 잘라 말했다. 당시 그의 대답은 이랬다.

"로스앤젤레스와 샌프란시스코 상공을 자동차가 날아다니는 일은 절대 일어날 수 없다."

덧붙여 지하 터널을 만들어 자동차 도로로 만드는 구

상을 제안했다. 그에 따르면 지하 터널을 자동차 도로로 만드는 구상은 가능해도 하늘을 나는 자동차는 현실적이지 않다는 것이다. 위험성을 고려한 판단이었을 것이다.

다만 일론 머스크가 늘 옳은 판단만 내린 것은 아니었다. 도지코인 등 가상화폐, 블록체인 기술 기반의 크립토커런시에 대한 그의 판단은 현재 시점에서 과연 적절했다고 볼 수 있을까. 또 트위터에 대한 투자 결정 역시 자칫하면 실패로 끝났을 가능성이 있었지만, X로 재편되며 여러 변화가 일어났다. 그 점만큼은 꽤 괜찮은 판단이었다고 생각한다.

해상도가 지나치게 높은 사람들

메타인지에 관한 이야기 중 가장 흥미로운 이야기를 꼽으라면 2008년 노벨 물리학상을 받은 마스카와 도시히데(益川敏英, 1940-2021)의 수상 소감일 것이다. 물질을 구성하는 기본 입자 중 하나인 "쿼크" 관련 연구로 고바야시 마코토(小林誠)와 공동 수상의 영예를 안았다.

마스카와는 매번 노벨상 후보로 거론되었으나 이와 상관없이 본인의 연구에 꾸준히 매진했다. 노벨상이 확정된 후 기자가 던진 질문에 무덤덤한 반응을 보였던 그의 모습을 기억하는 사람도 있을 것이다.

"크게 기쁘지는 않습니다."

"저희가 하고 싶은 연구에 매진했을 뿐 노벨상은 저희의 목표가 아니었습니다."

당시 "기쁘지 않은" 이유에 관해 특별히 알려진 바는 없었다.

마스카와는 '광적인' 오타쿠로도 알려져 있으며, 매년 노벨 물리학상 후보로 거론되던 인물이었다. 물리학은 이론과 실험으로 크게 나뉘고, 소립자뿐 아니라 물성·우주 물리·생물 물리 등 여러 분야로 구분된다. 이러한 분야를 매트릭스처럼 놓고 보면 그 해의 수상자를 어느 정도 예측할 수 있는 구조다. 그래서 2008년에는 그가 노벨상을 받을 확률이 상당히 높다고 예상했을 것이다. 따라서 노벨위원회로부터 수상 전화를 받았을 때 "그렇군요. 예상했습니다."라며 담담하게 반응한 것도 무리는 아니다.

시라스 지로(白洲次郎) 역시 메타인지가 높은 인물이다. 그는 일본 요코하마현의 사업가 가문에서 태어나, 케임브리지대학에서 유학한 뒤 귀국해 영자 신문 기자와 상사 직원으로 일했다. 그리고 제2차 세계대전이 끝나기 2년 전에는 일본의 패전을 예측하고, 현재 도쿄의 마치다시에서 농경생활을 시작했다.

당시 그는 패전 후에는 반드시 본인을 필요로 하는 자리가 있으리라 생각했다. 그리고 그의 예측대로 1945년에 '종전 연락 중앙 사무국'의 자문역으로 기용되어 일본 헌법 제정 과정에도 이바지하게 되었다.

일본의 패전을 예측하고 자신에게 기회가 올 것임을 확신하고, 자신의 현재 위치와 능력으로 할 수 있는 일이 무엇일지 정확하게 예측한 것이다.

내가 스승으로 모시고 있는 요로 다케시 또한 메타인지가 높은 사람이다. 그는 중국과 일본의 관계가 파탄에 이를 것을 우려한다. 현재 중국과 일본의 관계는 날로 격앙되고 있는데, 단기적인 관점으로만 따져서 양국의 관계를 긴장 상황에 두어서는 안 된다는 것이 그의 생각이다. 그 이유에 관해 물었더니 이런 대답이 돌아왔다.

"동남해 지진 때문이다. 일본은 상상을 초월할 정도의 피해를 당할 것이다. 그러면 이를 복구하는 데 막대한 자금이 필요한데 미국의 원조에만 매달릴 순 없다. 그때는 일본을 도와줄 나라는 중국 정도뿐일 것이다."

멀리까지 내다보는 그의 시야에 놀랐다.

메타인지가 높으면 어디서든 살아남는다

나도 앞에서 언급한 이들만큼은 아니지만 꽤 정확한 메타인지를 하고 있다고 생각한다.

그 바탕에는 나의 다양한 경험들이 한몫했을 것이다. 대학, 기업, 연구소, 미디어에 이르기까지 다양한 조직과 다양한 직위의 사람과 일본과 해외를 막론하고 함께 업무를 해왔다.

새로운 곳에 적을 둘 때마다 메타인지가 되지 않으면

커뮤니케이션 자체가 힘들다. 가령 일본인들로만 구성된 조직에서는 "잘 부탁드립니다." 하며 머리를 숙이며 인사를 나눈다. 그러나 이런 태도는 해외에서는 낯설다. 외국인들과 교류할 땐 "How are you doing?" 하며 가볍게 악수를 나눈다. 만약 미국에 가서 잘 부탁한다며 머리를 숙이면 상대는 당황해할 것이다. 이것이 바로 메타인지의 첫 단계이다.

그러나 외국인이 일본을 방문하면 나는 그냥 일본식으로 맞이할 때가 있다. 어떤 것이 항상 정답이라고 고수하는 것이 아니라, 장소와 분위기에 따라 자유자재로 본인이 취해야 할 태도를 유연하게 선택하는 것이 메타인지의 두 번째 단계이다.

미국의 교통법은 왼쪽에 운전석이 있고 우측통행이 기본이다. 여기에 익숙해져 있다가 일본에 와서 운전을 하면 초반에는 당황할 만한 상황을 겪는다. 이를 자랑삼아 이야기하는 사람도 있으나 개인적으로는 이 정도의 메타인지는 되는 사람이 되고 싶다. 규범의 차이를 굳이 말로 하지 않아도 유연하게 대처하는 것이 어른의 자세이고 메타인지가 높은 사람이다.

어쩌면 이런 경험을 반복하면서 메타인지가 단련되는

것일지 모른다. 메타인지는 본인이 처한 상황에 맞춰 지금 해야 할 일이 무엇인지 명확하게 판단할 수 있도록 도와준다.

"Be water(물처럼 유연하게)."

배우이자 무도인 브루스 리(Bruce Lee)가 남긴 말이다.

"어떤 상황에도 유연하게 대처하는 물 같은 사람이 되라."

메타인지는 어떤 모양의 그릇에도 자연스럽게 들어가는 물처럼 유연하게 상황을 파악하는 능력이다.

경제학자들이 주식 투자를 못하는 이유

메타인지가 되면 경제학자는 주식 투자로 무조건 돈을 벌어야 할 것이다.

상식적으로 경제 전문가이므로 높은 수준의 메타인지를 발휘해 주식으로 돈을 벌고 경제이론을 사업에 접목해 승승장구하는 게 자연스럽다. 그런데 신기하게도 현실은 꼭 그렇지만은 않다.

20세기 말 고도의 금융공학 이론을 구사하던 미국의 헤지펀드 "롱텀캐피털매니지먼트(LTMC)"는 설립된 지 4년 만에 파산에 이르렀다.

운용사는 소위 "드림팀"이라 불리는 최정예 전문가로 구성됐다. 노벨경제학상을 수상한 두 명의 경제학자, 마이런 숄즈(Myron Scholes)와 로버트 마튼(Robert Merton), 살로먼브라더스(Salomon Brothers)의 유명한 채권투자자 존 메리웨더(John W. Meriwether), 임원에는 FRB 부의장을 역임한 데이빗 멀린스(David W. Mullins Jr.)까지. 이 외에도 여러 유명 인사들이 임원으로 취임했다.

당시 창립 멤버들의 면면을 보고 세계 전역에서 막대한 자금이 몰려들었다. 그들은 레버리지를 이용해 투자받은 자금보다 더 큰 금액을 운용해 한때는 40%를 넘는 운용 이익을 거두기도 했다.

그러나 행복은 그리 오래가지 않았다. 아시아 금융위기를 시작으로 주식시장은 크게 요동치기 시작했고, 펀드는 설립된 지 4년 만에 파산에 이르렀다. 시장에서 소리 소문 없이 사라진 것이다.

경제학자면서 그런 것도 예측 못 했을까 싶다가 경제학자이기에 더 어렵지 않았을까 싶기도 하다. 인간은 이렇게나 비합리적인 존재이다.

작가 오가와 사토시(小川哲)의 단편집《네가 손에 쥐어야 했던 황금에 대해서》의 표제작은 우리에게 생각할 만한 주제를 던진다.

모두 황금을 손에 넣고 싶어 하지만 도대체 황금이 어디에 있는지 누구도 모른다. 시간이 지나고 보면 결국 이득을 얻는 사람은 황금을 캐는 데 필요한 삽을 파는 사람이었다는 이야기인데 여기에는 깊은 통찰이 담겨 있다.

황금을 찾는 행위는 욕망의 종합 격투기와 닮았다. 무엇이 사람들의 욕망을 자극하는지 그 안에서 이익을 얻기 위해 무엇을 해야 하는지를 발견하기 위해서는 다양한 관점과 깊은 통찰 없이는 불가능하다. 경제이론을 통한 분석만으로는 한계가 있다.

롤 모델 설정이 만들어내는 효과

욕망을 설정할 때 "OO처럼 되고 싶어."처럼 구체적인 인물을 떠올리는 경우가 많다.

앞에서 무라시마의 목표에 대해 이야기할 때도 언급했지만, 원칙적으로는 특정 인물을 목표로 설정하는 방식은 그리 바람직하지 않다. 동일한 능력을 지닌 사람이 세상에 둘이나 필요하지 않을뿐더러 애초에 누구와 완전히 똑같아지기란 불가능하기 때문이다.

하지만 누군가를 닮기 위해 노력하고, 그와 똑같아질 수 없다는 걸(혹은 똑같아질 필요가 없다는 걸) 인지한 후 자신만의 길을 향해 간다면 의미가 있다고 생각한다. 즉 롤 모델은 내가 어느 수준까지 이르기 위한 이정표로 삼는 정도가 좋다고 생각한다.

내 방에는 아인슈타인의 사진이 걸려 있다. 아인슈타인처럼 되겠다는 의미가 아니라 좋은 과학자로 세상에 공헌하고 싶다는 내 의지의 표명이지 아인슈타인이 목표 자체는 아니다. 어떤 과제에 직면했을 때 '아인슈타인이라면 어떻게 했을까?’를 생각한다. 일부러 의식하는 건 아니지만 무의식중에 이런 생각이 나의 연구 동기가 되어주지 않나 싶다.

이럴 때 나는 기린의 목을 떠올린다. 기린의 목이 긴 이유는 무엇일까? 뇌의 회로 관점에서 보면 “기린”이 높은 곳에 있는 잎을 먹겠다는 욕망으로 “목”이 길어지도록 진화했다는 것이다. 이를 학습이라고도 한다. 가령 유명해지고 싶다는 욕망을 품은 사람의 경우 그 사람에게는 유명해지기 위한 뇌의 회로가 발달할 것이므로 그 욕망은 분명 긍정적으로 작용할 것이다. 그러므로 누군가를 목표로 설정해 그 사람을 닮겠다는 생각 그 자체는 나쁘지 않다고 생각한다.

제4장

의사결정의
방해꾼들

중요한 건 "Out of The Box",

즉 구태의연한 틀에서 벗어나 생각할 자유를

손에 쥐는 것이다. 다시 말해

다른 사람과 다른 경험을 통해 나만의 밭을 가꾸고,

그 밭 안에서 나만의 경험을 축적해야 한다.

가성비 집착은 뇌의 활력을 떨어뜨린다

"가성비", "시성비" 이런 단어가 유행하기 시작한 게 언제부터일까?

가성비나 시성비를 따져서 뭔가를 선택하고 행동하면 제한된 시간 내에 효율적으로 업무를 하고 휴식을 즐기고 식사를 하는 등 쓸데없는 낭비를 줄일 수 있다고 생각한다. 물론 이런 생각이 틀린 건 아니지만, 이런 데 뇌를 사용하는 건 뇌과학자 입장에서 보면 안타깝다.

회사에서 비는 시간에 인터넷에서 본 가성비 좋다는 식당에서 점심을 즐기고, 쉬는 날을 이용해 못 봤던 영화를 몰아서 보는 것은 좋다. 식사를 즐기고, 정보를 얻으면 이는 나만의 지식창고에 보관된다. 그러나 이런 행위는 극히 제한된 문맥 안에서만 효율적이지 부가가치를 창출하지는 못한다.

뇌를 단련하여 자유의지를 강화한다는 관점에서 보면 경험과 경험을 위해 쓰는 시간은 "투자"의 개념으로 보는 것이 맞다. 시성비, 가성비를 지나치게 신경 쓰면 우리 뇌는 마치 밭에 양분이 말라가고 황폐해지는 것처럼 창의적인 생각을 할 활력을 잃게 된다.

AI에는 "강화 학습"이라는 메커니즘이 존재하는데 이를 위해서는 일단 다양한 정보를 매일 왕성하게 섭렵해야 한다.

슬롯머신을 예로 들면, A라는 슬롯머신은 당첨 확률은 낮지만 일단 당첨되면 큰 보상이 따른다. B 슬롯머신은 당첨 빈도는 높지만 보상이 작다.

슬롯머신 A를 선택했을 때를 잘 보여주는 사례가 앞에서도 언급한 바 있는 오픈에이아이의 창업자 샘 올트먼과 일리야 수츠케버이다. 오픈에이아이가 설립된 건 2015년. 하지만 당시 챗지피티 같은 인공지능이 구현될 거라고는 그 누구도 상상하지 못했다. 아마 올트먼과 수츠케버 역시 상상하지 못했을 테지만, 그들은 베팅했다. 그 결과 챗지피티는 우리가 아는 것처럼 세상을 놀라게 했고, 마이크로소프트가 200억 달러를 투자하며 주식의 40%를 취득했다. 하루아침에 그들은 벼락부자가 되었으나 이를 가능케 한 것은 확률이 낮지만 보상이 큰 슬롯머신에 베팅했기 때문이었다.

입시 전쟁의 승자가 누리는 보상은 왜 작을까?

반면 일본의 시성비, 가성비 이야기를 듣다 보면 생각의 스케일이 작다는 생각이 든다.

예를 들어 월급이 오르지 않으면 '어떻게 하면 쥐꼬리만 한 월급에 맞춰 일을 할까'를 생각한다. 아무리 열심히 일해도 정당한 평가를 받지 못하고 월급도 제자리일 거라면, 주어진 일만 적당히 하며 업무 퍼포먼스를 낮추면서까지 쥐꼬리만 한 월급에 맞는 노동만 한다는 수동적 마인드가 근저에 자리하고 있다.

"확률이 높지만 보상이 적은" 슬롯머신 B에 딱 맞는 예가 중학교 입시에 목을 매는 수험생들이다. 이건 일본이란 좁은 세계 안에서 서로 정해진 자리를 두고 경쟁하는 것이다.

물론 슬롯머신 B에 베팅해 대기업에 들어가 안정된 인생을 꾸리는 길도 있을 것이다. 만족할 만한 수준의 월급으로 그럭저럭 사치를 부리며 살 수도 있을 것이다. 물론 그 선택을 비난하려는 것이 아니다.

이에 반해 슬롯머신 A를 선택한 경우 리스크는 따르겠지만, 해외에서 공부해서 독자적인 아이디어로 창업을 하는 길을 걸을 수도 있다. 그러면 수츠케버만큼은 아니더라도 B를 선택했을 때보다 큰 보상이 따를 수도 있다.

관점을 바꿔 보면 가성비, 시성비는 일본에 잠재된 소극적인 풍조, 수동적인 성향, 창의성 결여를 드러내는 단어란 생각이 든다. 일본에서는 이런 수동적인 경향이 강해지면서 부가가치가 창출되기 어려운 상태가 이어지고 있는 게 아닌가 싶다.

중요한 건 "Out of The Box", 즉 구태의연한 틀에서 벗어나 생각할 자유를 손에 쥐는 것이다. 다시 말해 남과 다른 경험을 통해 나만의 밭을 가꾸고, 그 밭 안에서 나만의 경험을 축적해야 한다. 그러면 참신한 발상으로 새로운 가치를 창출할 수 있게 될 것이다. 그것이 결국 혁신과 창의성을 이끌어내는 길이다.

소극적 일본인은 변화의 흐름에 둔감하다

앞에서 "Out of The Box" 이야기를 했는데, 지나치게 가성비만 따지다 보면 시야가 좁아지고 새로운 변화에 둔감해지는 면이 있다는 뜻이다. 이를 실감하게 해준 사건이 있었다.

2023년 7월, 이른바 '상온·상압 초전도체'가 발견되었다는 뉴스가 전 세계를 뒤흔들었다.

초전도 기술은 자기부상열차의 실험선이나 의료용 MRI 등에 사용되며, 전기 저항이 0에 가까워지는 현상을 말한다. 하지만 현재까지의 초전도체는 극저온에서만 동작하기 때문에 활용 범위가 매우 제한적이었다.

반면 상온·상압 초전도 기술이 상용화된다면, 일상적인 온도에서도 초전도 상태를 구현할 수 있다. 그렇게 되면 전기 저항 없이 전력을 송전할 수 있어 전선에서 발생하는 에너지 손실을 대폭 줄일 수 있다. 자기부상 열차의 비용도 크게 절감되고, 컴퓨터 분야에도 응용되어 소비전력을 낮추는 등 산업 전반에 큰 변혁을 가져올 것이라는 기대가 있었다.

이 '꿈의 기술'을 주장한 연구팀은 한국의 양자에너지 연구소로, 구리·납·인·산소로 구성된 물질을 "LK-99" 라고 명명했다.

하지만 전 세계 연구자들이 재현 실험에 나섰으나 모두 실패했고, 과학 학술지《네이처(Nature)》역시 "초전도체로 보기는 어렵다"라는 평가를 내렸다.

결과적으로는 아쉬운 결론에 이르렀지만, 발표 직후만큼은 전 세계 과학계가 크게 들썩였다. 관련 주가가 급등했고, 특히 서구권 연구자들은 SNS를 통해 활발히 의견을 공유하며 예상치 못한 열기를 띠었고, 검증 실험 역시 놀라운 속도로 진행되었다.

이 현상을 보고 일본이 세상의 흐름에 얼마나 둔감한지 실감했다. 이 열기에서 일본은 완전히 제외되었기 때문이다. 이는 꽤 심각한 문제이다.

상온·상압 초전도 기술이 실현되면 세상이 완전히 뒤바뀔 정도의 혁신이 일어날 텐데, 일본 연구자들이나 주변 사회의 반응은 의외로 미지근했다. 이런 흐름 속에서 일본에서 말하는 '네오 마일드 양키' 세대(일본의 경기 침체 전후에 태어난 세대로 출세 지향적 삶보다 안정적 삶을

     제4장 의사결정의 방해꾼들

추구하는 청년층을 지칭.-옮긴이)가 어떤 선택과 변화를 보일지도 흥미로운 지점이다.

일반적으로 스타트업 경영자라면 "우리가 해보자!"라며 분위기를 북돋아 서로 앞서려고 할 텐데 이번 상온·상압 초전도 사건에서는 소극적이기만 했고, 오픈에이아이를 창업한 미국의 두 경영자와 비교해도 초라했다. 물론 일본 경영자 중에는 프로그래밍 능력이나 수리해석 능력을 갖춘 인재가 많지 않아 어쩔 수 없는 면도 있겠지만 말이다.

택시를 타면 화면에 스타트업 광고가 나오는 걸 보곤 하는데 좀 더 원대한 꿈을 꿨으면 좋겠다.

코미디는 최고의 메타인지 훈련

나는 이전에 요시모토흥업(吉本興業, 일본 최대 규모의 엔터테인먼트 기업으로 특히 코미디 분야에 막강한 영향력을 가지고 있다.-옮긴이)을 중심으로 하는 일본 희극 산업의 어두운 면에 실망하고, '해외 코미디를 보자!'라는 캠페인을 벌인 적이 있다.

당시 트위터에 "일본 개그맨들은 엄격한 상하관계에서 눈치 보는 개그만 하느라 권력자를 향한 신랄한 비판 개그는 전무하다. 후자가 지배하는 지상파 방송은 끝났다.'라고 글을 올렸다. 이 글 때문에 일본 개그맨들로부터 거센 공격을 받았다.

다운타운의 마쓰모토 히토시는 '모기 씨의 글, 전혀 재미없음. 개그 센스가 없어서 우리를 비판해도 하나도 안 찔림', '전혀 화도 안 남'이라며 날카롭게 비판했다. 그럼에도 나는 해외 코미디 확산에 계속 앞장섰지만, 결국 포기하고 말았다.

그런데 왜 뇌과학자인 내가 개그에 대해 언급하느냐

하면, 나름대로 이유가 있다.

나는 어린 시절부터 라쿠고·만담 공연장을 다니며, 라쿠고 연기자 삼유정 엔쇼(三遊亭圓生)나 야나기야 코(柳家小)처럼 쇼와시대(1926~1989년)의 명인들을 직접 보러 다녔다. 특히 쇼와시대를 풍미한 만담 콤비 이루·코이루도 무척 좋아했다.

그런 내가 충격을 받은 것은 5학년 때 처음 본 영국의 전설적인 코미디 그룹 "몬티 파이슨(Monty Python)" 때문이었다. 처음 보는 순간 완전히 빠져들었다. 라쿠고 공연에서는 '마쿠라(枕)'라고 불리는 도입부에서, 또는 만담 속에 시사나 정치 비판이 들어가기도 하지만 큰 비중을 차지하진 않는다. 그런데 "몬티 파이슨"의 콩트에서는 정치인은 물론 영국 왕실까지도 거리낌 없이 개그의 소재로 삼고 있었다.

나는 '왜 일본의 개그맨들은 시사 문제를 다루지 않을까?' 생각했고, 안타까워했던 기억이 있다.

코미디를 하려면 사고가 유연해야 한다. 그리고 코미디 속에 녹아 있는 유연함은 보는 이들의 마음에 비타민과 같은 작용을 한다. 즉 개그가 재미있으면 그만큼 메타인지를 단련할 기회가 된다. 내가 일본 코미디에 결여되어 있다고 느끼는 것도 바로 이런 유연한 정신이다.

내가 시도하고 겪은 건, 요시모토흥업이나 아리요시 히로유키의 방송을 보는 집의 초인종을 눌러 "외국 스탠드업 코미디가 더 재미있어요. 여기 보세요."라고 말했더니 "됐어요, 필요 없어요."라며 거절당한 것과 같다. 어쩔 수 없이 "외국 코미디를 보자!"는 캠페인은 그렇게 막을 내렸다.

변화를 거부하는 심리

서론이 길었으나 이런 활동을 하면서 깨달은 게 있다. 바로 인간은 변화를 싫어한다는 것이다.

비교적 최근에 편집자에게 들은 이야기에 따르면 AI 관련 책이 의외로 판매가 부진하다고 한다. 그 이유를 어떤 사람이 분석한 모양인데 'AI에 대한 두려움 때문'이라고 분석했다고 한다. 즉 지금까지 익숙해져 있던 생활이나 업무가 AI의 등장으로 위협받을 가능성이 있다고 생각하기 때문이라는 것이다. 굳이 돈을 내가며 불안감의 근원을 사용하고 싶지 않다는 것이 대중의 본심일지 모른다.

원래 인간의 몸은 항상성을 유지하려는 본능을 가지고 있어 변화를 두려워하게 설계되어 있다. 그래서인지 변화를 원치 않는 욕망이 인간에게 내재되어 있다는 생각이 들었다. 그러나 나 자신만 돌아보더라도 인간은 변화를 피할 수 없다고 생각한다. 서른 살의 나와 지금의 나는 전혀 다른 사람이기 때문이다.

심리학 개념 중에 "역사의 종말 환상(End of History Illusion)"이란 말이 있다. 지금의 '나'는 거의 완성된 상태이며 앞으로 크게 변하지 않을 것이라고 착각하는 심리적 편향을 말한다. 특히 성인이 된 후에 형성된다. 미국의 철학자이자 정치경제학자인 프랜시스 후쿠야마(Francis Yoshihiro Fukuyama)가 베를린 장벽이 붕괴된 직후인 1992년에 『역사의 종말(The End of History and the Last Man)』이란 책을 썼다. 베를린 장벽 붕괴 후 냉전이 종식되고 소련이 붕괴되었다. 당시 자유주의 진영이 승리를 거두며 체제 간 경쟁이 막을 내리고 종국에는 민주주의와 자유주의 경제가 인류의 표준이 될 것이란 내용을 담은 책이다.

당시 세간의 주목을 받았는데 지금의 상황을 설명하지 못하는 면이 있는 것 같다. 세계는 오히려 다극화되고 중국처럼 권위주의적 국가가 위세를 부리고 있다. 모 설에 따르면 전 세계 인구의 70퍼센트가 권위주의적 정치체제 하에서 살고 있다고 하는데, 어찌 됐든 세계의 역사도 개인의 역사도 아직 끝나지 않았다.

나는 "역사의 종말 환상"을 깨부수는 게 중요하다고 생각한다. 현재 상황에서 새롭게 변화하려는 욕망이 없으면 뇌의 상상력은 자라지 않는다.

보이지 않는 힘을 믿는 '음모론'

스웨덴의 환경활동가 그레타 툰베리(Greta Thunberg)는 열다섯 살에 '기후를 위한 학교 파업'을 선언하며 1인 시위를 해 세계의 주목을 받았다. 이 시위는 전 세계로

퍼졌고 그녀는 청소년 환경운동의 아이콘으로 떠올랐는데, 당시 일본인들의 반응은 "그녀의 뒤에 그린피스가 있을 것이다."라며 마치 누군가 그녀를 조종한다는 식의 음모를 그대로 믿는 듯했다.

이런 현상은 개인이 자유롭게 생각하고 행동하지 못하는 사회에서 흔히 나타나는 모습이다.

음모론에도 다양한 패턴이 존재한다. 예를 들어 세계를 제패하려는 욕망을 가진 소수파가 몰래 계략을 꾸미며 세상을 장악하려 한다는 내용은 전형적인 서구식 음모론이다. 이에 반해 일본식 음모론의 경우 긴 장막에 둘러싸인 보이지 않는 힘에 관한 음모론이 주류를 이루는 듯하다. "뒷배가 존재할 것이다." 같은 말이 바로 이에 해당한다.

음모론에서 또 중요한 것이 음모론과 거리를 어떻게 유지하느냐이다. "아니 땐 굴뚝에 연기 나랴"는 속담처럼 음모론도 나름대로 어떤 사실을 발판 삼아 퍼져 나간다.

예를 들어 코로나 백신 접종이 시작되었을 때도, 제약회사의 이익과 연관돼 있다는 소문이 SNS를 통해 확산된 바 있다. 이런 측면을 무시할 수는 없지만, 역학적으로는 코로나에 걸릴 확률이나 중증화 위험을 낮출 수 있다는 점도 분명한 사실이다. 결국 부작용이라는 리스크와 예방 효과를 저울질해볼 때 백신 접종이 합리적이라는 판단도 타당하다.

석차 역시 입시 산업이 만들어낸 지표다. 이런 관점은 일리가 있지만, 현재 입시를 준비하는 학생이라면 우선 자신이 지망하는 대학을 고려해야 하므로 석차를 객관적인 참고 자료로 활용할 수는 있다.

가장 피해야 할 태도는 "석차는 교육업계가 자기 이익을 위해 만든 지표니까 무시하겠다"며 아무 기준도 없이 입시에 뛰어들었다가 장렬히 패배하는 것이다.

X에서 목소리를 내는 사람 중에는 이런 균형 잡힌 인식이 부족한 경우가 많다. 나 역시 입시 상담을 해줄 때는 석차를 묻고 이를 기준으로 상담을 진행해 왔다.

"석차는 입시 업계의 이익을 위한 도구다"라는 시각을 갖되, 동시에 상황에 따라 수험생에게 도움이 되는 지표로 활용할 필요도 있는 것이다.

분위기 파악 못 하면 단죄, '동조 압력'

음모론에서 볼 수 있는 반응과 비슷한 양상을 띠는 것이 인터넷상 여론의 집단적 비난 현상이다.

집단적 비난 현상의 대전제는 바로 '동조 압력'이다. 자신이 어떻게 생각하고 행동할지 정하기 전에 다른 사람들이 어떻게 반응하는지를 보고 판단을 내리려는 태도이다. 나아가 대세를 따르지 않는 사람을 비난하기도 한다. 여론에 상관 없이 소신 발언을 한 사람에 대해 "뭔데 그런 말을 하는 거야?"라며 일제히 비난 공세를 퍼붓는 것이다.

나도 때로 온라인 집단 비난의 대상이 되곤 하는데 원인을 찾자면 나의 발언이 소위 대중이라 칭해지는 여론의 가치관과 맞지 않기 때문이다. 일본의 여론 형성 과정은 게임 이론적 표현을 빌리자면 "최대 다수가 누구인가?"를 항상 의식하는 느낌이다.

가령 방 안에 열두 명의 사람이 있다고 치자. "당신의 의견은 무엇인가요?"라는 질문에 열두 명이 얼굴을 맞

  제4장 의사결정의 방해꾼들

대고 "지금 이 방 안에서 가장 다수의 의견이 뭐죠?"라
며 추리 게임을 하는 것이 일본의 여론이다.

해외에서도 온라인상 집단 비난 현상은 존재하는데 영
어권에서는 이를 플레이밍(flaming, 온라인상 말싸움 -옮긴
이)이라고 해서 일본식 집단 비난과는 차이가 있다.

서구권에서는 누군가 특정 이슈를 제기했을 때 주로
발생한다. 예를 들어, 일론 머스크가 트위터를 인수해
X로 재편한다든지 하는 일련의 사건에 대해 온라인에
서 의견이 오가는 것이 서구권 플레이밍의 특징이다.
확산 방식도, 소수를 상대로 집단적으로 몰아치기보다
는 수평적으로 화제가 일제히 퍼지는 모습을 보인다.

그러나 일본의 경우는 음모론에서도 알 수 있듯 온라
인 집단 비난, 특히 주도적으로 행동하는 사람이 행동
을 취하는 것이 아니라, 행동하지 않는 사람들이 행동
하는 사람에게 철퇴를 가하는 경향이 강하다. 이러한
배경에는 일상에서 응어리진 울분이 작용했을 가능성
이 있다.

예전에 도쿄 이케부쿠로에서 자동차 사고를 내 유죄
판결을 받은 고위 관료 출신이 "상급 국민(상위 계층 시
민)"이란 단어를 사용하면서 온라인에서 뭇매를 맞은

사건을 기억하는 이도 있을 것이다. 당시 상황을 보면 대학을 졸업한 사람과 그렇지 않은 사람, 고위 관료와 아닌 사람, 즉 일종의 메리토크라시에 의한 울분이 "상급국민"이란 단어로 "대리 원성"을 샀던 것이다. 이로 인해 사람들은 잠깐이나마 통쾌함을 느낀다. 이런 울분은 평소 본인 안에 내재되어 있어 본인조차 의식하지 못했을 테지만, 이런 사건이 일어났을 때 마음 깊은 곳에 잠재되어 있던 부정적인 감정이 표면으로 드러나게 된다.

자유의지가 넘치던 시절도 있었다

여기까지 읽으면 일본인은 자유의지와 거리가 먼 일상을 보내고 있음을 느꼈을 것이다.

다만 일본이 흥미로운 것이 전국시대에는 세계에서도 희귀하게 보일 정도로 자유의지가 넘치던 시대였다는 생각이 든다. 또 에도시대 265년 동안 대부분은 절제

 제4장 의사결정의 방해꾼들

되고 어른스러웠지만, 시마바라의 난(경제적 착취와 종교 탄압에 맞선 민중 반란 -옮긴이)이나 오시오 헤이하치로의 난(오시오 헤이하치로가 그의 제자들과 일으킨 반란 -옮긴이)과 같이 때때로 자유의지를 돌연 발휘하는 사건도 있었다. 막부시대에서 메이지 유신에 이르는 시기에도 일본인들의 자유의지 발현은 눈에 띄게 강력했다.

근대국가로 도약하기 위한 헌법 제정의 필요성이 대두되자 독일의 헌법을 배우러 갔고, 형법이 발전한 프랑스에 인재를 파견하기도 했다. 또 고등교육의 필요성을 바탕으로 "대학"이라는 고등교육기관을 설립할 준비를 시작하기도 했다.

영어교육은 처음에 외국인 강사를 채용했으나 나쓰메 소세키부터 일본인 교사가 가르쳤다.

실패는 피하고 안정을 추구하는 사회 분위기

"한 회사에서 정년까지 일하고 싶은가?"라는 속마음

을 조사한 데이터가 있다. 바로 노동정책 연구 연수 기구의 「제7회 노동 생활에 관한 조사 2016」이다. 조사 결과 "종신고용"을 찬성하는 사람의 비율은 역대 최고 수준인 78.9퍼센트를 기록했다. 특히 20~30대에서 "평생 고용", "연공서열 임금제"를 찬성하는 비율이 2007년부터 급격히 증가하며 연령층별 차이에 뚜렷한 감소세가 보였다고 한다.

저성장 시대의 영향으로 평생 고용을 찬성하는 비율이 이전보다 늘어났다는 점은 충분히 이해할 수 있다. 물론 시대를 초월해 자유의지를 발휘하는 사람이 없으리라는 법은 없지만, 사회적 분위기나 미디어의 영향으로 안정성과 실패에 대한 두려움이 강조되면서 제한된 자유의지밖에 발휘하지 못하는 경우가 많은 것 같아 안타깝다.

일본에서 자유의지가 활발히 발현된 시기를 떠올리면, 역시 나라가 위태로웠던 시기였다. 현재 일본 상황도 위태로워 보이지만, 사람들은 아직 심각하게 인식하지 않는 듯하다.

중고등학생들과 이야기를 해보면 대부분 "편의점과 유튜브만 있으면 그걸로 충분해요."라고 말한다.

　제4장　의사결정의 방해꾼들

사회가 안정기에 들어서면, 자유의지는 충분히 발휘되기 어렵다.

글로벌 경영자가 주목한 유술의 의사결정력

자유의지와 관련된 문화가 일본에 전혀 없는 것은 아니다. 실제로, 무도 중에는 자유의지를 단련하는 종목이 있다. 바로 유술(柔術)이다.

유술은 일론 머스크, 마크 저커버그, 매사추세츠 공과대학에서 AI를 연구하며 팟캐스트를 운영하는 렉스 프리드먼과 같은 유명 IT 경영자들도 사랑하며 실제로 배우고 있다. 정확히 말하면, "그레이시 유술(브라질리언 주짓수)"을 의미한다.

유술 선수 마에다 미츠요는 유술 사절단의 일원으로 미국에 건너가 유술 보급을 위해 복서, 가라테 선수, 프로 레슬러 등과 이종격투기 시합을 벌였다. 전 세계를 돌아다니며 2,000번이 넘는 시합에서 승리를 거둔 그는 만년에 브라질로 이주하여 아들 카로스 그레이시에게 유술을 가르쳤다. 카로스에 의해 발전된 격투 기술이 "그레이시 유술"로 브라질에서 독자적으로 진화한 것이다.

원조는 일본이라고 주장하고 싶지만, 아무튼 현재 IT 경영자들이 유술에 매료되어 있다. X의 일론 머스크와 메타의 마크 저커버그가 유술 시합을 한다는 말이 나오기도 했다.

유술이라는 말은 최근 일본어보다는 영어로 "Jiu-Jitsu"로 듣는 일이 많아진 것 같다. 특히 미국에서 대유행 중이다.

그건 그렇고 IT 경영자들은 어째서 이 유술에 빠져 버린 것일까?

바로 몸을 사용하는 방법이 핵심이다.

유술에는 상대가 필요하다. 상대의 움직임에 맞춰 유연하게 자신의 몸도 움직여야 한다. 가령 상대보다 몸집이 작아도 상대의 힘을 역으로 이용해 쓰러트릴 수 있다. 부드럽고 자그마한 사람이 강인한 신체의 소유자와 붙어 이기는 걸 "유연함이 강함을 제압한다."라고 하는데 이 말처럼 실현이 가능한 세계가 유술의 세계

제4장 의사결정의 방해꾼들

이다. 강하게 정면으로 충돌하는 상황에서 어떻게 몸의 자세를 잡아야 하는지에 일론 머스크 등의 IT 거인들이 주목하고 유술을 통해 이를 배우려 한 것이다. 유술의 정신은 비즈니스에서 의사결정을 도와주는 테크닉으로 활용될 가능성이 높다.

예를 들어 IT업계에는 X뿐 아니라 구글, 페이스북, 메타, 애플 등 수많은 경쟁자가 줄지어 있는데, 이런 상황에서 경영을 한다는 건 유술의 정신과 닮은 점이 있기 때문이다. 자신의 목적을 달성하기 위해 온 힘을 다해 상대를 제압하려 해도 만만치 않다. 오히려 상대의 힘을 영리하게 이용해야 한다. 유술을 한다는 건 현대 사회에 있어 정말 중요하고 깊은 가치를 실제 몸을 써서 느끼고 배우려는 노력일 것이다.

미야모토 무사시가 말한 '자유의지의 핵심'

미야모토 무사시(宮本武蔵)의 『오륜서』도 해외의 주목

을 받고 있다.

화제가 된 무사시의 말은 목숨이 걸린 절체절명의 국면에서 선택과 실행을 하는 장면에서 나온다. 일 대 일 국면에 놓였을 때의 마음가짐인데, 일본에서는 대부분 서로 검을 겨누며 싸우고, 목숨을 걸고 정정당당하게 싸움에 임한다. 이러한 결투 방식은 세계적으로 봐도 이례적이다. 물론 "몰래 뒤에서 치는 유인 작전", "자는 이의 목을 베는 작전"처럼 비열한 행위가 일본에도 있었지만 이는 무사의 격을 떨어트리는 행위로 지탄받았다.

무사시의 말 중에 지금도 주목받는 말이 있다.

"하나에 너무 집중하지 말라. 유연하게 전체를 봐라."

전체를 살피지 못하면 시야가 좁아지고 제한된 정보만 손에 넣을 수 있기 때문이다. 상황에 맞춰 유연하게 자세를 바꾸기 위해서는 전체를 유연하게 보는 능력이 있어야 한다.

무사시의 이런 생각은 자유의지에서도 자주 인용된다. 의사결정을 할 때 전체를 관통하지 못하면 올바른 판단을 내릴 수 없기 때문이다.

또, 무사시의 말은 "상대를 있는 그대로 받아들이라."

  제4장 의사결정의 방해꾼들

라는 마음 챙김과 결을 같이 한다.『오륜서』는 지금의 심리학이라 할 수 있다. 이에 관해서는 뒤에서 더 자세히 다뤄보자. 이러한 감각은 원래 일본인이 전통적으로 계승해 온 정신이지만 서양 문명이 침투하면서 지금은 많이 희석되었다.

모든 것은 순리대로 흐른다

머리말에서 AI와 의사결정에 대한 이야기를 했다. 앞으로는 AI가 어디까지 발전할지에 세상의 관심이 집중될 것인데, 일본은 좀 더 이 흐름을 적극적으로 읽을 수 있어야 한다. 왜냐하면 지금은 AI 개발 중심에 있는 서양인들이 보지 못하는 부분을 일본인은 볼 수 있기 때문이다.

예를 들어 AI 논의에서 항상 거론되는 것이 싱귤래리티(기술적 특이점, 인공지능이 진화하다가 인류의 지능을 초월하는 기점-옮긴이)이다. AI가 인간을 뛰어넘는 지능을 보유하는 건 물론 두려운 일일 테니 그 마음은 이해가 간다. 살짝 표현이 거칠지만 이런 우려는 유일신 종교의 영향이 아닐까 싶다. 즉, "AI가 싱귤래리티를 맞이하면 AI가 세계를 지배하는 게 아닐까?" 같은 두려움에서 비롯된 불안일 것이다.

이와 관련해 자주 언급되는 예가 있다. 바로 "종이 클립 최대화(Paperclip Maximizer) 사고 실험"이다.

옥스퍼드 대학의 닉 보스트롬(Nick Bostrom) 교수는 이 사고 실험을 통해 인간의 의도와는 다르게 인공지능이 잘못된 결과를 가져올 수 있다는 문제를 제기했다. 사고 실험의 내용을 보면, 종이를 여러 겹 철하는 데 쓰이는 종이클립을 제조하는 AI가 있다고 가정한다. AI는 최대 효율을 지향하므로 그에 맞게 제조에 필요한 원료는 가리지 않고 모두 사용한다. 자동차나 빌딩, 도로의 포장재, 그리고 인간마저 재료로 사용하거나 에너지원으로 사용해 클립을 제조한다. 이윽고 "종이 클립 최대화 지능"은 지구 전체를 종이 클립으로 만들어버린다. 물론 인류는 이미 오래전 멸종됐고 말이다. 말도 안 되는 망상이라고 생각하겠지만 보스트롬 교수는 진지하게 윤리적 소양이 없는 AI는 폭주할 수 있다고 경

　제4장 의사결정의 방해꾼들

고했다.

어쩌다 이런 논의가 나왔는가 하면 신이 세상을 창조했다는 신화에서 시작되었기 때문이다.

이에 반해 일본은 어떤가? 요로 다케시는 입버릇처럼 "모든 것은 순리대로 흐른다."고 말하는데, 이는 다케시뿐 아니라 비슷한 연령대의 장년층이라면 흔히 사용할 법한 말이다. 여기엔 일본인 특유의 감성이 드러난다. 처음에는 이게 참 무책임한 말이라고 생각했으나 뇌과학과 인공지능, 현대 과학기술의 발전을 지켜보면 어쩌면 다케시의 말이 진리에 가깝지 않은가 싶을 때가 있다.

다시 말해 우리는 스스로 결정을 내리는 것이 아니라 "흘러가는 대로 따를 뿐"이라는 마음가짐이 진리에 가깝다는 생각이 든다. 자유의지도 일본인의 감각, 자세에 맞닿아 있는 것 같다. 애초에 일본인은 종이 클립 사고 실험 같은 건 생각하지도 못했을 테지만 말이다.

도라에몽은 미래 AI의 힌트다

AI나 로봇 연구자들의 공통점이 있다. 해외 특히 영미권 연구자는 AI나 로봇을 '지배'의 대상 혹은 '노예'처럼 생각하는 경향이 있다는 점이다. 그런데 일본인은 조금 다르다.

이런 일본인의 생각에 지대한 영향을 준 것은 바로 "도라에몽"이라고 생각한다. 일본인이 AI나 로봇을 꼭 지배하고 대립해야 하는 존재라 보지 않는 이유는 도라에몽이나 아톰의 영향이 크다.

도라에몽은 미래에서 온 고양이 로봇인데 심지어 AI다. 이 애니메이션에서는 도라에몽이 인간의 지배를 받거나 노예처럼 그려지지 않는다. 게으르고 조금은 모자란 남자아이가 숙제하기 싫을 때마다 "도라에몽, 도와줘!"라고 도움을 청하면 로봇처럼 모든 걸 도와주지 않는다. 대신 "공부는 스스로 해야지."라며 조언한다.

이 점이 AI와 인간의 관계를 생각할 때 꽤 흥미로운 부분이다.

도라에몽이 보여주는 "AI 방식"은 인간의 성장을 고려해 일부러 알려주지 않는 지혜로움이다. 이러한 바람직한 AI의 형식이 도라에몽 안에 대량으로 내재되어 있는 것이다.

〈도라에몽〉에 "독재 스위치"라는 에피소드가 있다. 주인공 진구가 야구를 하다 퉁퉁이한테 괴롭힘을 받자 도라에몽에게 부탁해 마음에 안 드는 사람을 사라지게 해주는 "독재 스위치"를 받는다. 퉁퉁이를 없애고, 다음에는 평소 자신을 놀리던 비실이를 없애고, 결국 지구상의 모든 사람을 없앤다. 그리고 고독만이 남는다. 이때 도라에몽이 나타나 마음에 안 드는 사람을 전부 없애면 결국 세상에 혼자만 남게 된다며 함께 어울리는 것의 교훈을 알려주고, 사라졌던 친구들을 원래대로 되돌려 놓는다는 이야기이다.

미국인이 AI나 로봇을 다룬 작품을 보면 일본과는 조금 다르다. 예를 들어 영화 〈터미네이터〉에서는 AI가 탑재된 살상용 로봇이 표적을 없앤다는 내용이 많다.

인간과 AI의 조화를 다룬 AI 얼라이먼트(AI alignment)에 관해 생각할 때, 도라에몽 혹은 아톰은 참고해볼 수 있는 좋은 재료이다. 여기에는 일본인의 AI에 대한 독특한 수용 방식이 담겨 있다. 이를 AI에 접목했을 때 비로소 인간과 AI의 공존이 이뤄지지 않을까 싶다.

이야기가 조금 옆으로 샜다. 제4장에서는 일본인 문화론 및 문명 비평의 관점에서 이야기를 해봤는데, 일본에 뿌리내린 이러한 문화나 분위기가 있다는 걸 알리고 싶었다. 그런데 이것이 뇌의 성장을 저해하는 요인이 되기도 하므로 앞으로 AI시대를 살아가는 데 있어 유의했으면 한다.

제5장

자유의지를 제대로 발휘하기 위하여

쉽게 답이 나오지 않는 문제 앞에서 어떻게 판단하고
행동하는지에 그 사람의 자유의지가 여실히 반영된다.
우리는 무의식중에 본인이 할 수 있는 범위,
본인에게 허용된 범위를 제멋대로 제한하는 경우가 있다.
때로는 직감을 믿고 과감히 도전해보면 어떨까?

마음 챙김을 습관으로 만들자

자유의지를 강화하기 위해서는 오랜 기간 다양한 경험을 하면서 뇌에 좋은 양분을 쌓는 것이 중요하다는 걸 앞에서 이야기해왔다. 이것이 뇌의 무의식에 좋은 환상을 심어주고 또 현명한 의사결정을 하는 데 필요한 다양한 파라미터가 된다는 것을 충분히 인지하였으리라 생각한다.

이 장에서는 판단을 내릴 때 우리 몸과 마음을 어떤 상태로 유지해야 하는지에 관해 얘기해보려고 한다. 앞에서 잠깐 언급한 '마음 챙김'은 자유의지에 있어 매우 중요한 포인트이다.

마음 챙김은 간단히 말하면 좌선을 하고 명상을 할 때 고요에 이르는 상태를 말한다. 이런 상태에서는 많은 것을 동시다발적으로 느낄 수 있다. 신경 쓰이는 일이 있을 때 그 한 가지를 생각하느라 다른 상황을 못 보는 경우가 많은데, 마음 챙김 상태에서는 좁은 시야에서 벗어나 넓게 볼 수 있게 된다.

우리가 좋은 선택을 내리지 못하는 건 종종 마인드 컨트롤에 실패했기 때문인 경우가 많다. 패닉 상태에서는 눈앞의 일밖에 보지 못한다. 예를 들어 연애에서도 본인 감정만 생각하느라 상대의 마음을 보지 못하는 사람은 결코 연애에 성공하지 못한다.

비즈니스에서도 자신의 요구를 관철하겠다는 생각이 강해서 상대가 원하는 포인트나 사회적 상황을 제대로 파악하지 못하면 협상에 실패하게 된다.

나는 직업상 다양한 분야에서 성공한 사람과 인터뷰할 기회가 많은데, 성공한 사람 대부분이 입을 모아 하는 말이 있다. 바로 "타이밍"의 중요성이다.

이는 꽤 심오한 이야기인데 성공한 사람일수록 지금 나설 타이밍인지 아닌지를 판단해 사업이나 협상의 시기를 조절한다는 것이다. 자신들의 오랜 경험을 통해 지금이 적기인지 아닌지를 느끼는 것이다.

어떤 일을 생각할 때 눈앞에 있는 이익에만 사로잡혀 시야가 좁아지면 숲을 보지 못하고 다른 관점은 고려하지 못한 채 결론을 내리게 된다. 이럴 때 특효약이 마음 챙김이다.

디폴트 모드 네트워크(DMN) 활용하기

마음 챙김의 또 하나의 효과는 뇌의 '디폴트 모드 네트워크(Default Mode Network, DMN)' 활성화이다.

독특한 신경회로 중 하나인 DMN은 전전두엽과 편도체 등 뇌의 각 부위를 연결해 상호작용을 돕는 데 핵심적인 역할을 수행한다.

일반적으로 인간의 뇌는 생각을 할 때 활성화된다. 그런데 디폴트 모드 네트워크는 생각할 때가 아니라 오히려 뇌가 멍한 상태, 즉 아무 생각도 하지 않을 때만 활성화된다는 특징이 있다. 말하자면 뇌가 아이들링한 상태(특별한 과제를 수행하지 않을 때)에 있을 때 활발하게 활동하는 신경회로다.

뇌는 아이들링 상태에서 지금까지 쌓아온 경험과 지식, 기술 등 정보를 정리하거나 과거를 복기한다. 나는 이 상태를 "폐점 후 레스토랑" 상태라고 표현하곤 한다. 손님이 모두 돌아가고 문을 닫으면 그제야 한숨 돌리고 종업원들이 카운터에 모여 "오늘 손님이 정말 많았어.", "오늘은 이 메뉴가 인기였지." 등 그날 있었던 일들을 복기하는 것이다. 레스토랑에선 이 시간을 통해 직원들끼리 정보와 감정을 서로 공유한다. 이것이 바로 "디폴트 모드 네트워크"의 작용이다.

이런 정보를 정리함으로써 우리 뇌는 맑아지고 쌓인 정보나 관련 기억이 원활하게 상호작용을 하며 창의력이 올라가고 새로운 아이디어가 샘솟게 되는 것이다.

마음 챙김 상태에서는 다음의 사항들도 머릿속에서 정리된다. 본인이 처한 상황과 현재 시대의 분위기 그리고 자신에 대한 것 등이다. 예를 들면 성격, 나의 꿈, 나의 목표, 지향점, 내가 이루고 싶은 일을 파악해 현재 어떤 판단을 내리는 것이 바람직한지 정리할 수 있다.

그렇다면 마음 챙김 상태를 만들려면 어떻게 해야 할까?

마음 챙김의 방법으로 많이 추천되는 것 중 하나가 좌선이다. 명상에 들어가기 위해서는 호흡과 심장 박동에 집중해야 한다고 한다.

다만 나는 좌선으로 대표되는 전통적인 마음 챙김 방법을 굳이 추천하지는 않는다. 나 또한 몇 번 좌선을 해 본 적 있고, 마음 챙김의 권위자와 종종 만나기도 한다.

그러나 이들의 공통점이 있는데 의외로 멀리 보지 못한다는 것이다. 마음 챙김이라는, 어떤 의미에서는 이상화된 "누에고치" 같은 세계에 갇혀 시야가 좁은 경우가 많았다.

물론 심리적 안정을 위한 "클리닉"에 가는 마음으로 좌선을 하는 건 하나의 선택지라고 생각한다. 이 체험을 통해 본인에게 맞으면 지속하면 된다.

나는 일본 오소레산에서 미나미 지키사이 스님 밑에서 좌선을 배운 적이 있다. 그때 "모기 씨, 정말 잘하고 있어요."라고 칭찬을 받았다. 사실 나는 그 전부터 마음 챙김 상태에 들어가는 내 나름의 방법을 체득했으므로 굳이 좌선까지 할 필요는 없겠다고 생각했다.

그때 경험을 통해 배운 건, 마음 챙김을 꼭 할 필요 없는 사람이 절에서 좌선을 하고 호흡하는 법을 배워도 명상에 들어가지지는 않는다는 것이다. 그러니 굳이 무리해서 명상을 할 필요는 없다.

다수를 대상으로 한 조사에서도 마음 챙김과 좌선 습관은 서로 크게 관련이 없다는 답이 많았다. 어쩌면 좌선을 하는 사람이 마음 챙김의 개념을 오해하고 있는 것일지도 모른다.

내 기준에서는 스티브 잡스는 비교적 좌선과 잘 맞는 사람이었다고 생각한다. 구글도 마음 챙김을 위한 명상을 사내 프로그램에 접목했다. 그러나 일론 머스크는 그렇지 않다. 다만 일론 머스크는 X에 공개된 정보에 따르면 좌선을 하지 않아도 마음 챙김을 잘하는 사람인 것으로 보인다. 확실히 세상의 흐름에 기민하게 반응하기 때문이다.

일론 머스크의 경우 유술처럼 활동적인 마음 챙김이 잘 맞는 것일지도 모른다.

감각 차단과 마음 챙김을 부르는 순간

마음 챙김 문화에도 유행의 흐름이 있고, 잘 맞는 사람과 그렇지 않은 사람이 있다.

100퍼센트 좋다고 확신할 순 없지만 일상이 너무 바빠 한숨 돌릴 여유도 없는 사람, 동시에 스트레스 분출구가 필요한 경영자에게 잘 맞는 마음 챙김의 방법 중 하

 제5장 자유의지를 제대로 발휘하기 위하여

나로 샤워를 추천한다. 주변에 바빠서 숨 돌릴 틈 없는 지인들에게서도 최근 샤워가 좋다는 이야기를 종종 듣곤 한다.

샤워를 할 때 우리 몸은 이른바 "감각 차단" 상태에 놓인다. 샤워하는 몇 분 동안이 사실상 명상 시간이 되는 셈이다. 욕조에 몸을 담그기엔 시간적 여유가 없어도 샤워 정도라면 가능하다. 샤워할 때에는 SNS도 할 수 없으므로 업무 정보에서 차단된다. 완전히 긴장을 이완할 수 있는 시간인 것이다.

내가 지금까지 만난 사람 중에 가장 "마음 챙김을 잘하는 사람"이 앞서 말한 장기 기사 하부 요시하루다. 그가 모 방송 프로그램에 나와 인터뷰하는 걸 보았는데 평소 관심이 있던 터라 주의 깊게 시청했다.

"요시하루 씨는 쉬는 날 주로 무엇을 하면서 보내시나요?"

그러자 요시하루가 대답했다.

"그냥 앉아서 빈둥거려요."

무엇을 하며 빈둥거리는지 재차 물었다.

"책을 읽거나 음악을 들으시는 건가요?"

"아뇨, 그냥 앉아서 몇 시간이고 멍하니 있어요."

요시하루는 장기를 둘 때 천 수 앞을 내다본다고 한다. 한 가지 수를 생각하는 데 약 1초가 걸리는 경우도 있는가 하면 다음 한 수를 두는 데 한 시간 가까이 걸리는 경우도 있다. 명인전의 경우 아침 9시부터 밤 9시까지 이어지는 대국이 무려 92일간 지속된다. 보통 사람이라면 도저히 불가능할 정도의 경이로운 집중력과 정보 처리 능력이 요구된다는 건 말하지 않아도 알 것이다. 요시하루가 쉬는 날 몇 시간이고 멍하니 있고 싶은 그 기분도 이해가 갈 듯하다. 이런 마음 챙김 시간에는 앞에서 말한 "디폴트 모드 네트워크"를 활성화할 수 있다. 러닝을 할 때도 이 기능이 활성화된다. 나는 꾸준히 러닝을 하고 있는데 확실히 그 효과를 실감한다.

여러 의견 중 하나를 선택해야 할 땐 산책하라

결론을 내기 어려운 문제에 결론을 꼭 도출해야만 할 때 여러분이라면 어떻게 하겠는가?

스티브 잡스는 무작정 걸었다. 그는 애플 캠퍼스가 있는 팔로알토 근처를 세 시간이고 네 시간이고 걸었다고 한다. 뇌과학 교과서적 관점에서 보면 걷는 건 앞서 말한 뇌의 디폴트 모드 네트워크를 활성화하는 방법인데, 잡스의 말을 빌리면 "과거의 경험이라는 점들을 연결해 보면 의미가 생긴다(connecting the dots)."이다. 아마 단편적 정보나 아이디어가 연결되어 앞으로 자신이 향해야 할 방향, 나아가 애플이 나아가야 할 방향이 보인다는 의미일 것이다.

중요한 결단을 앞두고 무작정 걷는 것은 언뜻 시간 낭비처럼 보일지 모르나 잡스의 관점에서 보면 걷는 건 매우 중요한 시간이었다.

또 하나 흥미로운 점은 여러 사람과 몇 가지 주제에 대해 결론을 내야 할 때 여러 사람과 함께 걸으며 이야기하는 것이 도움이 된다는 것이다.

잡스의 잘 알려진 자서전에 나오는 에피소드 가운데 이런 이야기가 있다. 빌 게이츠가 마이크로 소프트의 CEO였을 때 윈도95를 판매하겠다고 잡스에게 말했다고 한다.

잡스와 빌게이츠는 원래 막역한 사이였으나 윈도95는

Mac OS의 사용자 인터페이스와 매우 비슷했다. 후에 잡스는 농담 반 진담 반으로 "윈도는 Mac OS를 카피했다."라고 말하기도 했으나 소송을 걸거나 하진 않고 어디까지나 친한 동료 간에 던질 수 있는 농담 수준이었다고 생각한다.

어쨌든 빌 게이츠가 윈도95 출시를 잡스에게 알릴 필요는 있었다. 잡스에게 있어 경쟁사인 마이크로소프트가 윈도95를 출시하는 건 매우 중요한 사건이다. 그러나 윈도95 발매를 철회할 순 없는 노릇일 터. 빌 게이츠의 입장에서는 사전에 잡스에게 이 정보를 알리려 했을 것이다.

빌 게이츠가 만나자고 했을 때 애플의 CEO실에서 이야기하는 선택지도 있었을 거라 생각한다. 그러나 잡스는 산책을 권했고, 둘은 몇 시간이고 팔로알토를 거닐며 이야기를 나눴다. 그리고 윈도95를 출시해도 좋다는 판단을 내렸다.

만약 친구나 가족, 회사 동료와 중요한 이야기를 해야 하거나 여러 사람이 연관된 결단을 내려야만 할 때는 함께 천천히 산책을 해보자.

직감은 성향·인생관·가치관의 결정체

뇌의 작용이 장(腸)과 관련 있다는 사실을 알고 있는가?

이에 관한 이야기를 하기 전에 직감 이야기를 먼저 해보자. 뇌와 장은 연관관계가 있기 때문이다.

직감과 관련된 기억 중 지금도 선명한 것이 있다. 내가 이화학연구소에 있다가 케임브리지대학으로 유학을 가서 졸업 후 취직한 소니컴퓨터사이언스연구소에 관한 에피소드이다.

당시 나는 졸업 후 어디로 갈지 고민은 하고 있었지만, 민간 연구소에 갈 생각은 전혀 없었다. 그런데 소니컴퓨터사이언스연구소에서 제안을 받았다. 지금 소니의 부사장인 기타노 히로아키 씨에게 스카우트 제안을 받은 것이다. 여러 이야기가 오갔는데 그중 기타노 히로아키 부사장의 이 말이 인상 깊었다.

"우리 연구소에 오면 정말 재미있을 걸세."

이 밖에도 여러 이야기를 나눴는데 그 당시 나는 '이런

　　제5장 자유의지를 제대로 발휘하기 위하여

사람이 이끄는 곳이라면 꽤 괜찮을 거야.'라고 생각했다. 민간 연구소로 갈 생각이 전혀 없었지만, 그와 만나 이야기하며 그런 직감을 받은 것이다.

결과적으로 그 직감이 맞았는데, 내가 입사하기로 결정한 건 기타노 히로아키라는 사람에 대한 신뢰와 그가 했던 "재미있는 곳"이란 말 때문이었다.

내 직감은 틀리지 않았다.

12월 1일부터 출근하기로 했는데 첫날에는 일단 정장에 넥타이를 매고 갔다. 그런데 연구원들 모두 티셔츠에 청바지의 편한 복장이었다. 그때 이 회사의 분위기가 파악됐다.

지금은 흔해졌지만, 당시에는 보기 드물게 회의 분위기가 매우 자유로웠다. 컴퓨터 사이언스 전문가가 모여 있어 그룹별로 나눠서 회의가 진행됐다. 그중엔 일본 인터넷의 아버지라 불리는 무라이 준(村井 純)의 프로젝트에 관해 연구하는 팀이 있었는데, 다들 회의에서 "다른 일"을 하고 있었다. 책상 위에 노트북을 올려두고 "네, 그렇죠."라며 끄덕이거나 키보드를 두드리고 있지만 분명 회의 내용과 상관없는 메일을 작성하고 있었다. 솔직히 말해 개인 원고나 논문을 쓰던 사람도 있었다. 그런데 다 듣고 있었다. 다들 엄청난 정보 처리 능력을 보유한 능력자들이었다. 누구도 나무라는 이는 없었다. 그야말로 자유로운 환경이었다.

그걸 보고 이곳에 오길 잘했다고 생각했다. 다행히 이후로도 이런 문화가 잘 맞아서 나는 지금까지 이 연구소에 적을 두고 있다.

소니컴퓨터사이언스연구소에 들어오겠다고 결단을 내린 것도 그렇고 인생에서 중요한 판단을 해놓고도 그 이유가 생각나지 않는 경우가 있다. 이 경우 대부분 직감에 따라 결정했을 가능성이 높다.

"직감"에 따라 인생의 향방이 바뀌는 경우가 있다.

와카미야 마사코(若宮正子)가 바로 그 예이다.

은행원이었던 그녀는 1990년대에 퇴직하며 처음으로 컴퓨터를 사서 프로그래밍을 공부했다. 그 후 일흔을 넘긴 나이에 계산용 툴인 엑셀로 "엑셀 아트(Excel Art-셀을 색칠하거나 테두리를 이용해 그림이나 패턴을 만드는 예술)"를 고안했고, 여든두 살에 나이 든 사람도 즐길 수 있는 스마트폰용 게임 앱을 개발했다. 2014년에는 'TED×Tokyo'에서 영어 강연자로 연단에 선 1935년생 세계 최고령 프로그래머이다.

그녀가 게임 앱을 개발했을 당시 돌연 미국의 방송국 CNN에서 메일을 한 통 받게 된다.

"1시간 이내에 답장해 달라."

CNN 측에서는 "시간 안에 보내주면 오늘 기사(또는 보도)를 릴리스하겠다."라고 요청한 것이다. 그러나 문제가 있었다. 와카미야는 영어를 하지 못했다.

고민하던 그녀가 떠올린 건 구글의 번역 앱을 이용하는 방법이었다. 일본어를 영어로 번역해 영문을 복사해 답장에 붙여 넣는 방법으로 아슬아슬하게 시간에 맞춰 CNN 측에 회신할 수 있었다. 그 결과 그녀의 뉴스가 전 세계로 보도되었고, 그녀의 이름을 세상에 널리 알리는 기회가 되었다. 지금의 와카미야를 있게 해준 터닝 포인트였다.

보통 사람이라면 CNN에서 영어로 된 메일을 받으면, 영어를 잘 못할 경우 지레 겁먹고 회신을 주저했을지 모른다. 혹은 열기도 전에 스팸 메일이라고 생각해 휴지통에 넣었을지도 모른다. 또 번역 앱을 떠올렸더라도 번역기를 돌려서 메일을 보내도 될까 하며 걱정했을지 모른다. 만약 하나하나 해석해서 회신을 보내야

했다면 지금의 와카야마는 없었을지 모른다.

경험해본 적 없는 문제에 직면했을 때 내가 어떤 결정을 내릴지 아무리 고민한다 한들, 결국 최종적으로는 직감에 매달릴 수밖에 없다. 이때의 직감이야말로 그 사람의 성향, 인생관, 가치관 전부를 드러낸다는 생각이 든다. 결국 쉽게 답이 나오지 않는 문제 앞에서 어떻게 판단하고 행동하는지에 그 사람의 자유의지가 여실히 반영되는 것이다.

우리는 무의식중에 본인이 할 수 있는 범위, 본인에게 허용된 범위에 제약을 두는 경우가 있다. 지금까지 경험해보지 않은 것, 새로운 일 앞에서 선택의 기로에 섰을 때 '내가 할 수 있을까?', '안 될 거야.' 라는 생각이 습관적으로 튀어나온다면, 그 생각에 '거부 의지'를 한 번 발휘해보자. 늘 하던 대로 말고, 다른 선택을 한번 해보는 것이다. 때로는 직감을 믿고 과감히 도전해보면 어떨까?

장 건강이 의사결정에 미치는 거대한 영향

직감을 지탱하는 데 중요한 역할을 하는 게 바로 몸으로 느끼는 감각(guts feeling)이다. 미국의 신경학자이자 심리학자인 안토니오 다마시오(Antonio R. Damasio)는 인간의 감정은 뇌에서만 생성되는 것은 아니라고 주장했다.

근래에 와서 "장내(腸內) 환경"이란 단어를 자주 듣게 되었는데 뇌와 내장이 상호작용을 하며 커뮤니케이션을 한다는 사실이 밝혀졌다. 뇌와 내장은 "신경전달물질"을 통해 정보를 교환하는데, 장내 세균의 상태가 나쁘면 뇌에도 안 좋은 영향을 주고 반대로 장내 세균의 균형이 잘 맞을 때 뇌에도 긍정적인 영향을 미친다. 따라서 장내 건강은 의사결정이나 올바른 선택, 직감에 지대한 영향을 미친다.

다마시오가 말하는 내장 감각은 이른바 '육감'이다. 비과학적이라 생각할지도 모르겠지만, 보고 듣고 만지고 맛보고 냄새 맡는 오감 외에 또 하나의 감각기관이 바로 육감이다. 내밀한 감각을 포함해 다양한 정보가 우리 몸을 통해 발생한다. 가령 "뭔가 느낌이 좋지 않아.", "꺼림칙해", "불편해", 반대로 "느낌이 좋아", "편안해", "안정감이 느껴져" 같은 감각이다. 이런 상황에 대한 반사작용이 우리 몸에는 존재한다.

뇌를 통해 논리적으로 판단하는 것뿐 아니라 몸에서 내보내는 신호도 무시해서는 안 된다. 아무리 논리로 판단한다고 해도 결국 최종적으로 뇌는 우리 몸에서 보내는 정보를 바탕으로 결정을 내린다. 그래서 내장 감각이 중요하다.

〈오펜하이머〉라는 영화가 있다.

제2차 세계 대전 중 미국이 진행한 핵 개발 프로젝트인 맨해튼 프로젝트를 이끈 물리학자 로버트 오펜하이머(Julius Robert Oppenheimer)의 전기를 그린 작품이다.

이 작품 속에는 노벨 물리학상을 받은 리처드 파인만(Richard Feynman)도 등장하는데, 그가 이 프로젝트 참여자로서 군 관계자와 담판을 짓는 장면이 있다.

맨해튼 프로젝트는 일급 기밀로 진행되어 일부 과학자들 외에는 자신들이 어떤 일을 진행하고 있는지 세부 내용을 모르고 있었다. 정보가 새나가는 걸 방지하기 위해 어쩔 수 없는 선택이었지만, 프로젝트 진행에는 지장이 생겼다. 진척 상황이 더뎠던 것이다. 미국 정부 입장에서는 서둘러 계획을 진행하고 싶었다.

파인만은 장군에게 "현장에서 뭘 하고 있는지 이대로 정보가 공유되지 않으면 프로젝트는 성공하기 어렵다고 생각합니다. 현장 기술자들에게 우라늄 농축 사실을 밝히는 게 좋다고 생각합니다."라고 담판을 지었다. 장군은 정보 유출 위험성과 정보가 공유되지 않아 발생하는 계획 차질의 경우의 수를 두고 득실을 따져보았다. 상당히 고심했던 모양이었다. 고심 끝에 장군은 파인만에게 "시간을 달라"고 하고는 본인의 방으로 들어갔다. 그는 창밖을 바라보며 생각에 잠겼다.

그리고 5분 후, 장군이 돌아와 말했다.

"좋다. 그럼 과학자, 기술자에게 정보를 공개한다. 우라늄 농축 사실을 전달하라."

의사결정에 관해서라면 고도로 훈련되었을 장군의 판단이라 그런지 과연 다르다고 생각했다. 이렇게 만들어진 원폭이 히로시마와 나가사키에 투하되었고 역사상 이제껏 경험하지 못한 참담한 비극을 낳았다.

그러나 이를 당시의 미국 정부 입장에서 보면 장군의 판단은 옳았다. 정보가 외부로 유출되지도 않았고, 나아가 계획에 속도가 붙었다. 인류 최초로 누구도 가보지 않은 길을 가야 했던 장군은 정답을 알 수 없는 문제를 돌파해 왔다. 이런 상황에 훈련된 장군은 직감적으로 이것이 미국에 있어 최선의 선택임을 알았다.

만약 장군이 기술자에게 사실을 알리지 않았다면 히로시마, 나가사키 원폭 투하는 실패로 끝났을지 모른다는 복잡한 마음이 든다.

올바른 식습관으로 장내 균형을 잡는다

직감에 영향을 주는 내장 감각을 단련하기 위해서는 올바른 식생활로 장내 세균의 균형을 맞추고, 장내 환경을 쾌적하게 만드는 게 중요하다는 건 누구나 아는 사실이다. 그렇다면 장내 환경을 개선하기 위한 식사는 무엇일까?

‘유익균이 다량 함유된 식품’과 ‘유익균의 증식을 도와주는 식품’을 함께 섭취하는 것이 좋다고 알려져 있는데, 유익균을 함유한 식품으로는 요구르트, 낫토, 절임, 된장, 치즈 등 발효 식품을 들 수 있다. 이 재료들은 우리가 일상적으로 먹는 음식에 포함되어 있다. 발효식품에는 유산균이나 비피두스균 등 유익균이 함유되어 있어 장내 환경을 개선한다.

유익균 증식에 도움을 주는 영양소는 식이섬유와 올리고당이다. 둘 다 장내 유익균 증식에 도움을 준다. 식이섬유를 다량 함유한 식품으로는 당근, 브로콜리, 시금치 등의 채소, 구황작물, 버섯, 해조류, 낫토를 비롯한 대두 등이 있다. 올리고당을 다량 함유한 식품으로는 양파, 파, 마늘, 아스파라거스 등의 채소와 바나나가 있는데 모두 슈퍼에 가면 쉽게 구할 수 있는 것들이다.

평소 채소와 곡물 중심의 식생활을 유지하고 있다면 조절하기 그리 어려운 식단은 아니다. 그러나 육류나 가공식품 위주의 식생활을 하고 있다면 전통식으로 식단을 바꿔봤으면 한다.

스트레스나 수면 부족도 유해균을 증식하는 요인이 되므로 주의하자.

금강산도 식후경은 진짜였다

우리 몸에서 식사가 얼마나 중요한지를 보여주는 사례가 있다.

아이들의 학습 격차를 줄이기 위해 자원봉사자나 NPO 법인의 참여가 늘고 있는데, 가정 환경이 좋지 않은 아동의 학습을 지원하는 사람들의 이야기를 들을 기회가 있었다.

이들의 이야기를 듣고 본질을 간파하고 있다 싶었던 부분이, 학교를 마친 아이들에게 일단 식사를 챙겨 준다는 것이었다. 집에서는 균형 잡힌 식사를 하지 못하는 아이들이 많기 때문이다.

앞서 말했듯 공부를 포함해 여러 의사결정을 할 때 뇌뿐 아니라 사실 우리 몸 전체가 관여하고 있다. 다시 말해 의사결정에서 식사를 배놓고는 이야기를 할 수 없다는 말이기도 하다. "금강산도 식후경"은 진짜였다.

플라톤의 걸작 『향연(Symposium)』. '향연'은 당시 사교

 제5장 자유의지를 제대로 발휘하기 위하여

를 위한 연회를 의미했다. 미의 본질에 관한 이야기이지만 고대 그리스인들은 먹고 마시기를 즐겼다. 특히 음식을 먹으며 회의를 했다.

내가 유학한 케임브리지대학 트리니티 칼리지의 수업 방식 중 하나는 학생들이 함께 모여 밥을 먹는 게 기본이었다. 거기엔 매일 학교에 가서 내가 신세를 진 트리니티 펠로, 그리고 노벨상 수상 학자도 있었다. 이런 면면이 모두를 식탁으로 불러 모았다.

특히 식사 자리에서 다들 이야기를 나누었다. 뇌와 장의 상관관계에 관해 잘 몰랐지만 음식을 먹으면 열띤 토론이 가능함을 경험으로 알게 된 것이 아닐까 싶다. 이것이 학교의 전통이었다.

존 캐스티(John L. Casti)의 작품 중『케임브리지 퀸텟』이라는 소설이 있다. 여기에도 비트겐슈타인, 앨런 튜링, 러셀 등 다섯 명의 학자가 식사를 하며 토의를 벌이는 모습이 그려진다. 이처럼 토의와 식사에는 밀접한 관계가 있다.

뇌와 장의 상관관계에 관해서는 이제 막 연구가 시작된 단계지만 이론적으로는 상당히 흥미로운 분야이다. 균형 잡힌 식사를 하지 못하면 판단의 질이 낮아진다는 연구 결과가 앞으로 나올지도 모른다.

회사 경영이 위기에 봉착하면 먹고 자는 것도 잊고 위기를 타개하기 위해 노력했다는 이야기도 있지만, 실은 식사를 잘 챙겨야 제대로 된 판단을 내릴 수 있는 것이다.

영화 속에서도 식사의 중요성을 보여주는 예가 있다.

오즈 야스지로의 영화 〈꽁치의 맛(秋刀魚の味)〉에 보면 딸의 결혼을 걱정하던 아버지가 딸과 혼담이 오가는 상대에 대해 알아보기 위해 딸의 오빠이자 본인의 아들에게 의견을 물으러 가는 장면이 나온다. 이때 아버지와 아들은 밥을 먹는다. 딸의 혼사를 의논하는 중요한 순간에 굳이 밥을 먹었던 것이다.

이 외에도 첫 데이트에서 맛있는 걸 함께 먹으면 호감도가 올라간다는 말도 있다.

좋은 의사결정을 내리기 위해서는 일단 식사부터 잘 챙겨야 한다.

대중의 지혜를 귀담아들어라

지금의 구글을 있게 한 구글 "성장의 성인군자(adult supervision)" 에릭 슈미트(Eric Schmidt) 전 CEO를 예전에 인터뷰한 적 있다. 내가 NHK 〈프로페셔널 직업의 방식〉 사회자를 할 때였다. 당시 인터뷰 중 인상에 남았던 말이 있다. 바로 CEO로서 의사결정을 할 때 어떻게 하는지에 대해 이야기를 나눌 때였다.

구글 내부에는 일부 천재 엔지니어와 탁월한 경영 능력을 보유한 인재가 여럿 있는데 그는 이런 특출한 인재의 의견뿐 아니라 평범한 직원들의 이야기도 귀담아 듣는다고 했다. 특히 인상에 남았던 말은 이것이다.

"특출한 소수보다 평균적인 사람의 의견을 여럿 참고하는 게 좋다."

'대중의 지혜(Wisdom of Crowds)'라 하는데, 그는 어떤 결정을 내릴 때 평균적인 서른 명의 의견을 청취한다고 했다. "이 사안에 대해 어떻게 생각하는지", "이에 대한 본인의 의견은 무엇인지"를 묻는 것이다. 마치 도

자기를 다양한 각도에서 요리조리 뜯어보고 전체상을 그려 가는 것과 같다. 이렇게 여러 각도로 조망해보면 미처 생각하지 못했던 점을 알게 될 수도 있다.

그는 이렇게 의견을 청취한 후 판단하고 결정을 내린다고 했다.

일상에서 '대중의 지혜' 메커니즘을 실감할 수 있는 순간은 슈퍼에서 채소나 과일의 가격이 정해지는 걸 볼 때이다. 여러 명이 '이 정도면 적당한 가격'이라고 평가해 그 가격에 팔리면 점차 가격이 자리를 잡아 간다.

영화 평점도 예가 될 수 있다. 개봉 당일에는 의견이 저마다 갈리는데, 상영 일수와 관객이 늘면서 하나의 의견으로 좁혀지며 평점이 결정된다.

의견을 청취할 때는 그 대상도 중요한데, 주제에 따라 대상을 바꿔야 한다.

예를 들어 "핵융합의 가능성"에 관한 전문적 주제의 경우 플라즈마 등에 능통한 전문가에게 물어야 한다. 그러나 "핵융합에 얼마를 투자해서 사회에서 어떻게 사용할 것인가"와 같은 생활 밀착형 관점이 필요한 주제의 경우 일반 시민의 생각을 가능한 한 많이 청취해서 종합적으로 판단을 내려야 한다.

이런 의견 청취 오류의 대표적 사례가 중일전쟁일 것이다. 중일전쟁의 향방에 관한 질문을 일부 군 관계자들의 의견만 듣고 판단했기 때문에 파국으로 치달았다. 극단적인 예일지 모르나, 지금 시대는 종합적인 판단이 필요한 시대이다.

누구나 살다 보면 다양한 판단을 내려야만 하는 국면을 맞이한다. 진학, 취업, 결혼, 육아, 혹은 업무상 결단 등. 최종 결정은 본인이 내리겠지만 여러 사람의 의견을 종합해서 판단하는 훈련을 해야 한다.

오신트(OSINT)와 휴민트(HUMINT)

"현장주의"의 대표 격인 인물이 바로 일론 머스크이다. 월터 아이작슨(Walter Isaacson)의 전기 『일론 머스크』에 따르면 그는 스페이스X의 공장에서 밤을 새우며 바닥에서 잠을 자기도 했다고 한다. 제조 공정을 전부 본인의 눈으로 직접 보고 확인하기 위해서였다. 예를 들어

스페이스X의 로켓 '스타십'에 부식되지 않는 스테인리스 스틸을 사용하자는 것도 일론 머스크가 내세운 기본 방침이었다.

생각보다 훨씬 핸즈 온, 즉 현장에 중점을 두면서 여러 방면에서 얻는 현장의 정보와 감각을 바탕으로 적확한 의사결정을 내리는 경영자인 것이다.

한 일본인 기득권층에 관련된 에피소드를 들은 적이 있다. 그 사람은 A에 대해 평가를 하려고 하는데 이렇다 할 만한 포인트를 찾지 못했다. 그러다 한 파티에 가게 됐는데 거기서 A가 잔디 위에서 맨발로 걷고 있는 모습을 보게 된다. 이를 본 순간 그 기득권자는 A를 신뢰할 만한 인물이라 확신했다고 한다.

물론 전후 사정과 주변 평판도 영향을 주었겠지만, 맨발로 걷고 있는 모습을 보고 그 사람을 신뢰할 수 있다는 확신이 들었다는 일화를 듣고, 나도 확실히 그런 적이 있음이 떠올랐다.

나 역시도 아무것도 아닌 순간의 몸짓 하나로 상대에게 신뢰감을 느끼거나 반대로 실망을 하기도 한다. 때론 조금 마음에 안 드는 구석이 있더라도 좋은 점 하나를 보고 친해져야겠다고 생각한 순간도 있다.

이 이야기를 하는 이유는, 한마디로 의사결정에서 "현장감"이 매우 중요하다는 걸 강조하기 위해서이다. 설령 직접 얼굴을 맞대지 않는 온라인 환경이라도 마찬가지이다.

요즘 주목받는 단어 중에 "오픈 소스 인텔리전스(Open Source Intelligence, OSINT, 오신트)"와 "휴먼 인텔리전스(Human Intelligence, HUMINT, 휴민트)"가 있다. 문자 그대로 오신트는 일반인에게 공개되어 기본적으로 누구나 접근 가능한 정보, 휴민트는 사람을 통한 정보 수집 활동을 말한다.

사회에는 상당히 중요한 정보도 공개되어 있다. 예를 들어 회사 경영자와 이야기를 나눠보면, 이해관계가 있는 회사나 경쟁사의 재무 상황을 상당히 구체적으로 파악하고 있는 경우가 적지 않다. 경영 상태도 꽤 상세한 정보까지 파악하고 있다. 오신트는 일단 이런 정보를 최대한 수집하는 활동을 말한다.

전 축구 국가대표로 현재 해설위원으로 활약하고 있는 기타자와 쓰요시 선수는 지금도 유럽 주요 리그의 수십 경기를 매주 보고 있다고 한다. 그렇지 않으면 최신 리그 정보나 팀 상황, 선수의 특징 등을 파악할 수 없기 때문이다.

이런 정보에 더해 휴민트를 추가한다. 기타자와 선수의 경우라면 유럽 리그에서 활약하는 선수를 취재해 최신 정보를 얻을 수도 있을 것이다.

대학 입시를 준비하는 학생이라면, 어느 대학에 갈지 고민할 때 일단 공개된 정보를 수집하는 게 첫 번째 단계이다. 그리고 부족한 점은 해당 대학의 재학생 또는 졸업생의 이야기를 듣거나 그마저도 없다면 학교 축제에 가서 정보를 수집해야 한다. 그러면 학교가 공개하지 않은 비공개 정보도 손에 넣을 가능성이 있다.

의사결정에는 오신트와 휴민트 둘 다 중요함을 잊어선 안 된다.

결정은 상황에 따라 바뀔 수 있다

앞서 한 말과 살짝 모순되는 부분이 있을 수 있는데, 한 번 결정을 내렸더라도 더 나은 방향이 보일 때 주저하

　　제5장　자유의지를 제대로 발휘하기 위하여

지 않고 바꾸는 자세도 필요하다.

현대 사회는 하루가 다르게 급변하는 시대이다. 트렌드가 바뀌는 데 예전에는 5~7년 걸렸다면 지금은 1년 만에 다 바뀔 정도로 속도가 빠르다.

이런 시대에는 한 번 내린 결정이라도 상황 변화를 보며 선택을 바꾸는 걸 두려워해서는 안 된다.

농구에 "피벗(pivot)"이란 동작이 있다. 한 발을 중심축으로 두고 다른 발을 자유롭게 움직이며 방향을 바꾸는 기술로, 상대의 위치를 살피며 패스를 할지 드리블을 할지 결정한다. 일단 판단을 내렸어도 주변 상황을 살피며 순간적으로 판단을 바꾸기도 한다.

요즘은 "주관이 뚜렷한 사람"을 좋게 평가하는 분위기가 있어 결정을 바꾸는 걸 망설이거나 도중에 결정을 바꾸는 걸 부끄러운 일이라고까지 생각하는데, 선택을 바꿀 수 있는 결단도 중요하다.

물론 모든 결정마다 흔들리는 갈대처럼 마음이 바뀌는 "의지박약형 인간"은 회사에서도 신임을 얻지 못할 것이다. 결정을 바꿀 때는 이유를 명확히 이야기할 줄 알아야 한다.

앞을 정확히 내다보고 앞으로 벌어질 일까지 가정해서

결정을 바꾸는 것임을 정확하게 알리면 상대도 안심할 것이다. 결정을 바꾸는 행위 자체가 나쁜 것이 아니고 그 판단이 얼마나 적확한지 인식하고 상황 파악을 근거로 하고 있는지가 중요한 것이다.

가장 최악은 바로 "관성의 법칙"이다. 한 번 정한 결정을 바꾸지 않고 습관처럼 익숙한 선택을 반복하는 일이다.

일례로 프랑스와 영국이 공동 개발한 초음속 제트기 '콩코드'가 있다. 개발 과정에서 예상보다 비용이 많이 들고 경제적 효과는 미미할 것 같아 중간에 그만두는 것을 고민했다. 그러나 이미 개발에 들인 예산과 시간 때문에 중간에 그만두는 건 막대한 손해라고 생각해 포기하지 못했다. 결국 프로젝트에 끌려가듯 돈과 인적자원을 끝없이 투입했고, 타산이 맞지 않아 상업적 이용에 실패한 사례이다. 매몰비용은 생각하지 않은 채 '아깝다'라는 습관적 심리가 오히려 손실을 키운 것이다.

어려운 판단이었으나 일본에는 매몰 비용을 효과적으로 관리하고 새로운 기업으로 탈피한 사례가 있다. 바로 일본의 대형 인쇄 종합 솔루션 기업 톳판(TOPPAN)

이다. 과거에는 톳판인쇄(TOPPAN Printing)라는 회사명 그대로 인쇄 회사였는데 "정보 커뮤니케이션", "생활 및 산업", "일렉트로닉" 등 다각화된 솔루션을 제공하는 기업으로 거듭났다. 지금은 "지속 가능한 사회" 구축에 이바지하며 인쇄 외의 사업 분야가 약 60퍼센트를 차지하고 있다. 과거와는 전혀 다른 회사로 변모한 것이다. 회사 이름도 2023년에 알파벳 표기로 바꾸었다.

소니도 전자와 반도체 분야를 주축으로 금융 및 음악, 소니 픽처스를 포함해 세계적 기업으로 성장했다.

앞으로는 변화를 두려워하지 않는 기업과 인재가 성공을 거머쥘 시대가 될 것이다.

오픈에이아이의 챗지피티가 지금 전 세계를 장악하고 있는데 이마저 언제까지고 영원하리란 보장이 없다. 성의 해자처럼 견고한 방어막(경쟁우위)이 있으면 좋겠지만, 오픈에이아이는 그런 방어막이 없다. 이 상태에서 얼마나 탁월성을 유지할지는 결국 피벗을 하며 주변 상황에 기민하게 반응해 판단을 내릴 수밖에 없다. 이때 "상대의 움직임에 맞춰 유연하게 내 몸의 움직임을 조절하는 유술"의 감각과 "하나에 너무 집중하지 않고 전체를 보는 시야"라는 미야모토 무사시의 대처법이 도움이 될 것이다.

혼자서도 길을 찾는 '아인슈타인 방식'

매일 다양한 선택 속에서 만약 쉬운 일과 어려운 일 둘 중 하나를 선택하라고 한다면 어떻게 하겠는가?

대부분은 쉬운 일을 선택하지 않을까? 쉬운 일이 아니더라도 과거에 해본 적 있거나 익숙해서 난도가 높지 않은 일을 대부분 선택하려 할 것이다. 누구도 난관에 봉착하거나 실패하고 싶어 하지 않을 것이므로 어느 정도 손에 익은 일을 선택하려 할 것이다.

내가 존경하는 아인슈타인은 굳이 어려운 길을 선택했다. 그가 이름을 걸고 회사를 경영하진 않았지만 이론 및 사고력 면에서 창조적 인간이었음은 누구라도 동의할 것이다. 대세가 한 방향을 가리킬 때 아인슈타인은 반대 방향을 가리켰다. 그가 만년에 주장한 대통일이론(GUT)도 그렇지만 양자역학 또한 그렇다.

상대성이론은 아인슈타인이 거의 혼자 힘으로 구축한 이론인데 양자역학은 다수의 물리학자와 논의 끝에 확립된 이론이다. 그런 만큼 양자역학에는 물리학자들의 견해 차이가 엿보인다. 그중에서도 표준, 즉 다수파의 의견이었던 닐스 보어의 '코펜하겐 해석'에 이견을 제시해서 보어와 논쟁을 벌였다.

아인슈타인은 대학 졸업 당시에도 동기들처럼 지도교수에게 잘 보여 쉽게 학교에서 일할 자리를 얻지 않고 처음에는 가정교사로, 그 후 특허청에 들어갔다. 사회인으로서 경험한 이러한 시작은 모르는 사람이 보기에도 우려되었지만, 결혼을 약속한 아인슈타인의 약혼자는 그를 믿었다. 그리고 전폭적인 지지를 아끼지 않았다. 그 덕분에 아인슈타인은 상대성이론이란 위대한 업적을 달성했다.

대통일이론과 양자역학에서는 그의 의견이 밀렸지만 백 년 후, 이백 년 후에는 또 어떻게 될지 모르는 일이다. 이런 아인슈타인 방식을 따르고자 한다면 혼자서도 자신만의 길을 갈 수 있는 강한 의지가 있어야 한다. 힘든 길을 택한 사람이 그 길을 가는 사람이 적어서 결과적으로 성공을 거두면 블루오션에서 성과를 독점할 수 있다. 나는 이런 태도는 배울 만하다고 생각한다.

적당한 난관은 뇌의 성장 기회

아인슈타인에게 자극을 받아서인지 앞서 말했듯 나도 의식 연구 분야에서 혼자만의 길을 걷는다. 의식 연구 분야의 주류 학파는 자유에너지(Free Energy) 혹은 통합 정보 이론(IIT: Integrated Information Theory)과 같은 통계적 접근방식을 이용한 연구인데 나는 이에 일관적으로 반대 입장이다. 자세한 내용은『뇌와 쿼리아』에 적혀 있지만, 그래도 그다음 부분은 쉽게 넘어가지 않는다. 경험을 토대로 말하면 어려운 과제에 도전할 때 우리는 더 큰 성공을 이룰 수 있다는 것이다.

'바람직한 어려움(desirable difficulties)'이란 말이 있다. 잘 알려진 연구자 로버트 A. 비요크(Robert A. Bjork)가 주장한 이론으로 단순 학습의 반복은 깊이 있는 이해를 돕지 못한다는 내용이다. 그러나 뇌에 적당한 어려움을 주는 학습은 장기 기억 형성에 도움이 된다는 것이다. 어려움에 직면했을 때 창의력이 발휘되기 때문이다.

뇌를 관찰해보면 중뇌에서 전두엽에 이르는 도파민 계열 신경계는 어느 정도 어려운 문제에 직면했을 때 활성화된다. 쉽고, 간단한 문제를 여러 번 해결해도 도파민 계열 신경계는 활성화되지 않는다.

이유가 뭘까?

새로운 문제에 도전할 때 처음에는 해결책이 보이지 않아 답답해도 포기하지 않으면 조금씩 문제가 풀리는 성취감을 맛볼 수 있다. 이때 도파민 계열 신경계가 자극받는 것이다. 물론 도저히 해결할 수 없을 만큼 어려운 문제라면 모르겠지만 일단 뇌가 어렵다고 인식하는 순간이 바로 뇌가 성장할 기회인 것이다.

도전은 언제나 인간을 웃게 한다.

일론 머스크의 의사결정 방식

주변에서 "불가능한 일", "어리석은 일"이라고 이야기하면 보통은 그 일을 포기한다. 그러나 일론 머스크는 달랐다. 그는 '클레버-풀리시 매트릭스(Clever-Foolish Matrix)'를 탑재하고 있어 다른 사람이 어리석다고(Foolish) 생각하는 일도 본인 판단에 해볼 만한 일(Clever)이라고 생각되면 그 길을 걸었다. 이것이 일론 머스크의 의사결정 방식이다.

예를 들어 도쿄대에 합격해 변호사 시험이나 전문직 시험에 합격한 사람이 있다고 하자. 이 사람은 레드오션에서 살아남았다는 점에서는 훌륭한 인재임엔 분명하지만, 본인 외에 수많은 사람들이 같은 성취를 이뤘으므로 독창성(originality)이 있다고 보기는 어렵다.

반면 일론 머스크의 경우, 테슬라 전기차를 처음 세상에 내놓았을 때 사람들의 반응은 미온적이었지만 결국 시대가 그를 따라왔다.

또 스페이스X 발사 당시, 그가 로켓 부스터(본체)를 재

   제5장 자유의지를 제대로 발휘하기 위하여

사용하겠다고 선언하자 우주개발 전문가들은 하나같이 "말도 안 된다"라고 비난했다. 발사 후 부스터가 부메랑처럼 되돌아오는 사례는 들어본 적도 없었고, 당시까지 모든 로켓은 일회용이었다. 그편이 기술적으로는 더 단순했기 때문이다.

하지만 일론 머스크는 생각이 달랐다. 부스터를 회수해 재사용하면 비용을 극적으로 줄일 수 있고, 자원 낭비도 막을 수 있다고 본 것이다.

물론 재회수 시도는 수차례 실패로 돌아갔다. 그럼에도 그는 도전을 멈추지 않았다. 그리고 마침내 그의 염원이 현실이 되는 순간이 찾아왔다.

2018년 2월, 스페이스X의 대형 로켓 '팔콘 헤비'가 케네디우주센터에서 무사히 발사된 것이다.

이륙 약 8분 후, 전문가들이 기술적으로 불가능하다고 비웃었던 부스터 회수에 성공하면서 머스크의 도전은 결실을 보았다. 로켓을 역 분사해 세 개 중 두 개의 부스터가 플로리다주 케이프 캐너버럴(Cape Canaveral) 공군기지에 착륙한 것이다. 두 개의 기체는 예정된 장소에 수직 낙하해 착륙했다. 파손이나 고장도 없었다. 일론 머스크가 당시 그렸던, 정비해서 다시 우주로 가는

"재사용"도 시야에 들어왔다. 세 개 중 하나는 회수에 실패했다.

주변에서 불가능하다며 고개를 저을 때 일론 머스크는 도전을 멈추지 않았다.

뇌와 컴퓨터 사이에 대량의 정보를 주고받는 기술, 자기장 위에서 최고시속 천 킬로미터를 내는 "하이퍼 루프"도 많은 이가 "말도 안 되는 기술", "보나 마나 실패"라며 고개를 저었다. 그러나 일론 머스크는 고심 끝에 성공하기만 하면 분명 블루오션이 되리라 판단했다.

반면 그는 아니라고 판단했을 때는 단호하게 도전을 멈춘다. 앞서 이야기한 하늘을 나는 자동차, 영구운동기관(perpetual motion machine)이 그 예이다. 영구운동기관은 열역학 법칙에 어긋나기 때문이다.

당연한 말이겠지만 주변에서도 불가능하다고 하고, 본인이 생각할 때도 실패가 예상될 때는 실행에 옮기지 않는다.

경험효용과 선택효용, 무엇을 얻는가가 핵심

점심으로 뭘 먹을지 고민할 때 머릿속에 라멘, 카레, 돈가스 덮밥 등의 메뉴가 떠오를 것이다. 그날은 마침 돈가스 덮밥이 먹고 싶었다.

이런 결정을 학문적으로 분석하면 라멘이나 카레보다 돈가스 덮밥을 떠올릴 때 "만족감", "행복감"이 느껴졌기 때문이라고 보는 것이 행동경제학의 "초이스 유틸리티(Choice Utility)"이다.

그래서 실제로 돈가스 덮밥을 먹었다. 만족스러웠을 수도 있고, 기대보다 만족스럽지 않았을 수도 있겠으나 먹었을 때 얼만큼의 행복감을 느꼈는지를 "익스페리언스드 유틸리티(Experienced Utility)"라 한다. 즉, 결과론 관점이다.

예를 들어 우연히 어떤 지인과 호감을 갖고 만나게 됐을 때 '이 사람과 사귈까? 말까?'를 고민하고 있다고 하자. 이 사람과 연인으로 발전했을 때 얼만큼의 만족감과 행복감을 얻을 수 있을지 생각한다. 즉 '효용함수의 예측'이다.

이때 인간은 보통 과거의 경험을 반추해 판단한다. 과거의 그 혹은 그녀와 비슷한지 혹은 가슴 아픈 이별 경험을 준 그 혹은 그녀의 분위기와 닮았는지 등을 판단하는 것이다. 과거에 경험한 익스페리언스드 유틸리티, 즉 만족도, 더 자세히 말하면 과거의 '성적표' 같은 것인데 미래의 선택, 초이스 유틸리티에 영향을 주는 것이다.

나는 이탈리아 디저트 아포가토를 좋아한다. 바닐라 아이스크림에 에스프레소를 곁들인 디저트인데, 예전에 처음 맛봤을 때 한번에 반했었다. 이 디저트를 좋아하는 이유는 내 성격이 급하기 때문이다. 바닐라 아이스크림과 에스프레소를 동시에 먹을 수 있으니 효율적이고, 무엇보다 맛있다. 나는 일거양득이라고 생각했다. 이런 익스페리언스드 유틸리티가 있으므로 카페에 갔을 때 아포가토가 있으면 주저 없이 선택한다. 혹은 아포가토를 파는 카페를 일부러 찾아가기도 한다.

고민이 될 때는 만족감을 줄 수 있는 선택지를 고르는 게 안전하다.

생물학적으로 이타적 행동은 결국 나를 위한 것

다른 사람을 위해 나를 희생하는 행위를 '이타적 행동'이라 한다.

가령 기차역 플랫폼에서 다음 기차를 기다리기 위해 줄을 서 있다고 하자. 중간에 갑자기 새치기를 하는 사람이 있으면 뒤로 가라고 나서서 말하는 사람이 있다. 다른 사람은 보고도 차마 말하지 못했던 걸 대신해주면, 주변에서 고마워할 것이다.

이런 행동은 이타적 행동으로 딱히 본인에게 득이 될 것이 없다. 새치기한 사람이 그 말을 듣고 화를 내거나 시비를 걸 가능성도 있어 위험까지 수반된다.

이타적 행동을 두고 생물학과 뇌과학의 입장에는 차이가 있다.

먼저 생물학자의 관점은 이렇다. 일상생활에서의 이타적 행위는 결국 돌고 돌아 본인에게 돌아온다. 또, 이런 이타적인 유전자가 생존에 유리해 살아남고 그 유전자가 대를 이어 전해진다는 것이다.

유전자에 관한 논문 중에 고기-섹스 교환 가설(The meat-for-sex hypothesis)에 관한 내용이 있다. 수컷 침팬지가 야생에서 사냥으로 얻은 고기를 혼자 다 먹지 못하자 다른 침팬지에게 나눠 준다. 이때 암컷 침팬지에게도 고기를 나눠 주는데 얼마만큼 나눠줬을 때 교미에 성공하는지를 관찰한 연구이다. 결과는 어떨까? 당연히 고기를 나눠 주지 않았을 때보다 나눠 줬을 때 교미 확률이 유의미하게 높아졌다.

그런데 흥미로운 건 고기 양과의 상관관계이다. 100그램이면 충분하다는 게 연구의 결론인데, 그 이상 나눠 주어도 의미가 없었다는 것이다.

사냥이란 행위는 자칫 잘못하면 공격당해 역으로 생명을 잃을 위험이 있는데 이런 위험을 무릅쓰고 사냥에 나가 목숨을 걸고 얻은 고기를 다른 침팬지에게 나눠 줌으로써 자손을 번식한다. 침팬지는 유전자를 남기는 방법과 확률을 높이는 방법을 알고 있는 것이다.

자기희생이 현명한 의사결정을 돕는 이유

뇌과학에서는 조금 다른 관점에서 이타성을 바라본다. 이타적 행동을 실은 자신을 위한 행동으로 본다. 사회적 동물인 인간의 뇌에는 이타적인 회로가 존재하는데 다른 사람을 위해 희생함으로써 만족감을 느낀다. 인간은 칭찬받거나 누군가로부터 감사받으면 뇌에서 도파민이란 물질이 분비되어 행복감을 느낀다.

또 다른 관점도 있다. 바로 "최후통첩 게임(Ultimatum Game)"이다.

지금 여기에 천만 원이 있다고 치자. A가 B에게 돈을 나누자고 제안한다. 예를 들어 A의 몫은 990만 원이고 B는 10만 원인 불공평한 분배를 제안받았다고 하자. 제안받은 B에게는 최후통첩을 받아들일 것인지 거절할 것인지 두 가지 선택지만 놓여 있고, 만약 받아들이면 A가 제안한 금액을 받고, 거절하면 둘 다 돈을 받지 못한다. 즉 아무리 불공평한 제안을 받더라도 제안을 받아들이는 게 더 유리한 것이다.

그러나 사람에 따라서는 불공평한 제안을 받으면 둘 다에게 손해임을 알고도 제안을 거절하는 경우가 있다. 속뜻은 제안을 거절함으로써 A에게 불만을 표시하는 것이다. 이를 눈치챈 A가 다음부터 공평한 태도를 보인다면 사회 전체적으로는 이익이 된다.

본인의 이익을 희생해서라도 사회 전체의 이익을 꾀하는 이타주의의 진화라는 문맥에서 "최후통첩 게임"이 연구되었다.

"밈(Meme)"은 행동이나 아이디어, 예술 표현 같은 문화적 요소가 사람들 사이에서 모방을 통해 전염되듯 퍼져 나가는 문화적 복제자를 의미한다. 나아가 이는 인간의 행복으로 이어진다. 이타적 행동도 작품의 하나에 해당한다고 볼 수 있지 않을까?

이러한 이타적 행동을 매사 의식하면 그 사람의 삶의 방식이 바뀐다. 이것이 습관이 되면 뇌 속 시냅스의 연결 구조도 조금씩 바뀌면서 적확한 의사결정을 할 수 있게 된다.

타인을 위한 행동이 운을 불러오는 뇌과학

이타성은 이타심을 가진 사람의 뇌에서 일어나는 보상 작용으로 알려져 있는데, 최근 연구에서는 이타적 행동이 행동한 사람뿐 아니라 타인의 뇌 활동에도 영향을 줄 수 있다는 사실이 보고되었다.

뇌 안에는 이타적 행동을 유도하는 회로가 있으며, 이를 비유적으로 '브레인 코인(Brain Coin)'이라고 부른다. 브레인 코인은 두정엽·전두엽·측두엽에 걸쳐 존재하며, 그 일부는 뇌가 휴식할 때 활성화되는 디폴트 모드 네트워크와도 겹친다.

그리고 이 브레인 코인 회로는 타인을 위해 자신을 희생하거나 공동체를 위해 이타적 행동을 할 때 활성화된다는 사실이 밝혀졌다.즉, 타인을 배려하는 행동만으로도 브레인 코인이 작동하는 것이다.

또한 브레인 코인의 활동 수준과 지속 시간에 비례해 반응을 보이는 신경세포가 편도체·선조체 등에서 관찰된 것으로 알려져 있다.

더 나아가 이러한 활성화는 장기기억으로 저장된다. 즉 이타적 행동 경험이 뇌 속에서 상당히 오랫동안 "저축"된다는 뜻이다.

이 연구가 특히 주목받은 이유는, 타인을 위한 희생이 행동한 사람의 뇌뿐 아니라 주변 사람들의 뇌에도 기록된다는 점이 밝혀졌기 때문이다. 즉, 이타적 행동에 대한 일종의 '분산 장부'가 작성된다고 볼 수 있으며, 이는 암호 자산에서의 프루프 오브 워크(Proof of Work) 같은 평가 방식과도 비유적으로 연관된다.

누군가 이타적으로 행동하면, 이를 지켜보는 사람들은 '저 사람은 노력하고 있구나', '저 사람은 다른 사람을 위해 희생하고 있네.'라고 인식하게 된다. 그리고 이러한 인식이 그 사람의 기여도를 주변 사람들의 뇌 속 네트워크에 분산 장부처럼 기록된다.

그 결과, 이타적 행동을 한 사람이 어려움에 처했을 때, 주변 사람들이 나서서 도와주고 싶어지는 경향이 생기며, 이것이 일종의 운을 끌어당기는 효과로 이어진다고 볼 수 있다.

따뜻한 음식은 마음을 풀고 이타성을 높인다

음식으로 이타적 태도를 만들 수 있다는 사실을 아는가? '정신적으로 지쳤을 때' 따뜻한 음식을 먹으면 도움이 된다. 이를 뒷받침하는 연구 중에 신체의 감각이나 신체 운동이 뇌의 인지정보처리 회로에 영향을 준다는 '구체화한 인지(Embodied Cognition)'라는 연구가 있다. 예를 들어, 아이스커피가 가득 담긴 컵과 따뜻한 커피가 든 컵이 있다고 하자. 일반적으로 따뜻한 커피를 마실 때 차가운 커피를 마셨을 때보다 타인에게 너그러워진다는 사실이 실험으로 입증되기도 했다. 같은 사람이 컵만 바뀌었을 뿐인데 이타적인 행동을 보인 것이다.

이 현상은 신체에 가해지는 물리적 온기가 인격의 온기와 관련이 있음을 보여준다. 여담인데 만약 누군가에게 부탁해야 할 일이 있다면 되도록 아이스커피보다는 따듯한 커피를 준비해 보자. 그래야 상대가 부탁에 응해줄 가능성이 올라간다.

인생이란 스포츠 같은 것일지도 모른다

세상에는 손쉽게 무언가를 손에 넣는 방법이나 마스터하는 방법이 난무하고 있지만, 뇌의 관점에서 보면 이런 방법은 소용이 없다.

뇌가 변화하기 위해서는 오랜 시간이 필요하다.

결국 우리가 사는 순간, 인생 전체가 학습의 시간인 셈이다. 이제까지의 살아온 모든 기록이 지금 우리 뇌의 상태를 만들고 이를 바탕으로 그 사람의 의사결정, 선택이 이루어지기 때문이다.

어떤 선택을 내릴지는 어떤 의미에서 보면 '살아온 인생의 성적표'를 받는 것과 같다. 따라서 모든 순간을 허

투루 살아선 안 된다.

이런 말을 하면 부담스럽다고 생각할지 모르지만, 인생은 오래 살고 봐야 한다. 예를 들어 소위 말하는 '엘리트'의 경우 어린 시절부터 공부도 잘해서 좋은 대학에 들어가 대기업에 입사하며 탄탄대로를 달리는 사람을 떠올릴 것인데 꼭 그렇진 않다. 원래 엘리트라는 단어는 어떤 의미에서 뛰어난 직감을 가지고 올바른 선택을 하는 사람을 지칭함을 이제 어느 정도는 '상식'으로 우리가 공유했으면 한다.

뇌는 천천히, 해를 거듭하며 조금씩 변화해 간다. 순간의 선택으로 젊은 시절 벌어졌던 격차도 세월이 흐르면서 점차 좁혀지는 경우도 심심찮게 본다.

우리 한 사람 한 사람이 인생의 주인공이므로 무엇을 하고, 읽고, 먹고, 어떤 경험을 할지 진지하게 생각하고, 이를 지속해 자기 인생의 역사를 바꾸는 감각을 좀 더 키워갔으면 한다.

사람들은 문제에 직면하면 깊이 생각하지 않고 "정답이 뭔가요?"라고 바로 묻는다. 내가 싫어하는 질문 중에 "작가님이 읽고 좋았던 책 좀 추천해 주세요."가 있다. 책 정도는 본인의 취향과 직감으로 결정해야 한다고 생각하기 때문이다. 내가 재미있다고 다른 사람에게도 꼭 재미있으리란 보장은 없다. 애초에 꼭 읽어야만 하는 책은 없다. 마치 정답처럼 그런 책이 있을 거라고 생각하는 건 본인이 읽고 싶은 책 정도는 본인이 골라야 한다는 교육을 받은 적이 없기 때문일 터이다.

의사결정을 내릴 때 이 판단으로 발생할 결과에 불안감을 느끼는 마음도 이해한다. 물론 결과가 안 좋을 수도 있다. 그러나 그것 역시 크게 보면 내가 이루고자 하는 성취의 한 부분이다. 경제적으로 성공해 떵떵거리며 활약하는 것도 좋지만 그런 모습만이 인생에서 가장 바람직하다고 말하긴 어렵다. 여러 인연이나 상황 때문에 인생은 뜻대로 되지 않을 때가 더 많다.
이 시대의 도전과 성공의 상징인 스타트업의 경우도, 우리가 몰라서 그렇지 실패로 끝나는 경우가 더 많다. 그러나 실패 또한 올바른 의사결정의 초석으로 미래에 반드시 긍정적인 보상을 가져다준다.
가장 최악은 실패가 두려워 의사결정 자체를 하지 않는 것이다.
어찌 되었든 모든 순간 성심성의껏, 최선을 다해 임해

야 한다. 인생을 즐기며 살아가겠다는 각오로 살아야 한다. 이런 각오만 있다면 인생에서 두려울 건 없다고 생각한다.

많은 사람들과 만나면서 내가 느낀 건 실패를 포함해 한 번도 길을 벗어난 적 없는 '우등생'은 성장 폭이 좁다는 것이다. 항상 어떤 기준이 있고, 그 기준에 맞춰 판단하면 된다고 생각하는 사람은 큰일에 도전하기는 힘들 것이라 생각한다.

만약 기준에 따라 행동했는데 길을 잃고 실패했다. 그 결과 이제껏 생각해 온 기준으로는 안 되겠다는 마음의 외침을 깨달은 경험이 있다면 그것이 반드시 양분이 되어 폭발적인 성장의 원동력이 되리라 생각한다.

모든 경험은 축적되어 그 사람의 인생에 양분이 된다. 그렇게 인간은 강해진다.

실패 하면 스포츠를 배놓을 수 없다.

나는 최근 내 마음속에 숨겨져 있던 욕망을 깨달았다. 바로 '앞으로 남은 인생은 스포츠처럼 살겠다.'라는 것이다. 이를 깨달은 계기는 2023년에 프랑스에서 열린 럭비 월드컵을 관람하던 때였다.

초등학교 시절 상당히 운동을 좋아했다. 그런데 전혀 재능이 없는 몸치였다. 그런데 그때 럭비 시합을 보면서 역시 내가 럭비를 좋아하고 있음이 다시 떠올랐다. 럭비뿐 아니라 모든 운동을 좋아한다. 마라톤 그랜드 챔피언십, 파리 올림픽 대표 선발전이 열릴 때는 폭우 속에서 펼쳐지는 레이스를 보며 가슴 뛰었다.

물론 나에게는 그런 재능이 없으므로 선수로서 경기에 나갈 순 없다. 그러나 문득 '인생이란 스포츠 같은 것일지 모른다.'라는 생각이 들었다.

예를 들어 내가 의식 연구에서 퀄리어를 해명하겠다는 의사결정을 해서 도전하는 것 자체가 스포츠라 할 수 있다. 영어권을 포함해 세계적으로 활동 범위를 넓히려는 도전도 진행 중인데, 이 책을 읽는 전 세계의 독자는 내 도전을 관람하는 관객이 되는 것이다. "뭐야, 형편없어. 이번에도 졌잖아." 이런 말을 들으면서 말이다. 앞으로의 인생을 이렇게 생각할 때 가장 마음이 편하다. 설령 실패하더라도 툭툭 털고 일어날 수 있을 것 같기 때문이다.

아인슈타인이 상대성이론을 발표하고 이를 증명한 것도 하나의 스포츠라 생각할 수 있다. 그렇게 생각하면 인생이 좀 더 수월해지지 않을까?

스포츠의 어떤 점이 좋으냐고 묻는다면, 적어도 "거짓"이 없다는 점이다. 룰이 있고 심판이 공평하게 판정하며 승패를 결정한다. 전력을 쏟아부었지만 질 때도 있다. 그게 스포츠이고 바로 내가 스포츠를 좋아하는 이유이다.

럭비 월드컵 프랑스 대회 준준결승에서 프랑스가 남아프리카에 29대 28의 일 점 차로 패배했다. 개최국인 만큼 프랑스가 승리하면 준결승, 결승까지 진출해 자국민의 열기가 대단했을 것이다. 주최국 관점에서 상업적 계산을 따지면 프랑스가 결승에 올라가기를 바랄 것이다. 그러나 승패는 공정하다. 그게 바로 스포츠이며 스포츠의 장점이다.

TV를 보면 실력도 없으면서 소속사 힘으로 드라마의 주역을 턱턱 따내거나 방송에서 갑질을 하는 배우를 보면 화가 난다. 실력도 없는데 말이다.

마지막에 책의 주제와 벗어난 이야기가 되었지만, 나는 인생을 스포츠처럼 살고 싶다.

옮긴이 한주희

책에는 저마다 작가의 사유가 담겨 있으며, 이러한 작가의 사유를 표현하는 작업이 번역이라고 생각하는 사유하는 번역가이다. 공기업 인하우스 통번역사를 거쳐 현재 전문 통번역사로 활동하고 있다. 통번역대학원에서 학생들에게 번역을 가르치고 있다. 옮긴 책으로 《혼자 기대하고 상처받지 마라》 《뇌과학자는 이렇게 책을 읽습니다》 《결국 잘되는 사람의 말버릇》 《어른의 습관》 《이 세상을 살아가는 철학》 등이 있다.

뇌과학자의 의지 사용 설명서
내 인생의 모트를 만드는 현명한 의사결정에 대하여

1판 1쇄 발행 2026년 4월 24일

지은이 | 모기 겐이치로
옮긴이 | 한주희
펴낸이 | 신현숙

펴낸곳 | 어썸그레이
등록 | 2023년 12월 12일 제409-2023-000102호
이메일 | awesomegrey@naver.com
ISBN | 979-11-988953-7-0